学习贯彻习近平新时代中国特色社会主义经济思想

做好“十四五”规划编制和发展改革工作

| 系列丛书 |

建设现代能源体系

丛书编写组　编著

中国计划出版社　中国市场出版社 China Market Press

· 北京 ·

图书在版编目（CIP）数据

建设现代能源体系 / 学习贯彻习近平新时代中国特色社会主义经济思想 做好“十四五”规划编制和发展改革工作系列丛书编写组编著. -- 北京 ：中国计划出版社 ：中国市场出版社有限公司，2020.8（2020.11重印）

（学习贯彻习近平新时代中国特色社会主义经济思想 做好“十四五”规划编制和发展改革工作系列丛书）

ISBN 978-7-5182-1228-6

Ⅰ. ①建… Ⅱ. ①学… Ⅲ. ①习近平新时代中国特色社会主义思想－学习参考资料②能源战略－中国－学习参考资料 Ⅳ. ①D610②F427.2

中国版本图书馆CIP数据核字(2020)第170742号

建设现代能源体系

JIANSHE XIANDAI NENGYUAN TIXI

编　　著：丛书编写组
责任编辑：李　颖　高　明
装帧设计：蒋宏工作室

出版发行：中国计划出版社　中国市场出版社
社　　址：北京市西城区木樨地北里甲11号国宏大厦C座3层（100038）
电　　话：（010）63906433（发行部）
网　　址：www. jhpress. com

印　　刷：北京中科印刷有限公司
规　　格：170mm × 240mm　　1/16开本
印　　张：14　　字　　数：145千字
版　　次：2020年8月第1版　　印　　次：2020年11月第3次印刷
书　　号：ISBN 978-7-5182-1228-6
定　　价：30.00元

前 言

党的十八大以来，以习近平同志为核心的党中央高瞻远瞩，审时度势，统筹能源发展和安全，作出一系列重大战略部署。2014年6月，习近平总书记在中央财经领导小组第六次会议上指出，面对能源供需格局新变化、国际能源发展新趋势，保障国家能源安全，必须推动能源生产和消费革命。推动能源生产和消费革命是长期战略，必须从当前做起，加快实施重点任务和重大举措。习近平总书记强调，要推动能源消费革命，抑制不合理能源消费；推动能源供给革命，建立多元供应体系；推动能源技术革命，带动产业升级；推动能源体制革命，打通能源发展快车道；全方位加强国际合作，实现开放条件下能源安全。这是总揽全局，谋划长远，着眼人与自然和谐发展，以新发展理念引领新时代经济发展，以全球视野谋划能源发展新格局而作出的重大战略部署。习近平总书记深刻阐述了推动能源革命的必要性和紧迫性，准确研判发展大势，精准提出能源发展基本要求，指明能源高质量发展的方向和路径，对能源工作作出了战略布局和全面安排，是做好能源工作的根本遵循。

能源是人类社会发展的重要物质基础，能源安全是关系国家经济社会发展的全局性、战略性问题，对国家繁荣发展、人民生活改善、社会长治久安至关重要，也是各国国家安全的优先领域。

当今世界正经历百年未有之大变局，人口、资源、环境依然是影响当代经济社会发展的重要因素。我国人口大约占世界总人口的五分之一，能源消费总量接近世界总量的四分之一，但是人均国内生产总值、城镇化水平、清洁能源消费水平仍远低于发达经济体。我们虽然初步告别了粗放生产方式和敞口消费方式，但是实现能源高质量发展，建成现代能源体系依然任重道远。因此，必须以习近平新时代中国特色社会主义经济思想为指导，深入学习贯彻习近平总书记关于能源革命的重要论述，紧紧围绕统筹推进“五位一体”总体布局和协调推进“四个全面”战略布局，牢固树立和贯彻落实创新、协调、绿色、开放、共享的发展理念，坚持以推进供给侧结构性改革为主线，顺应世界能源发展大势，把推进能源革命作为能源发展的国策，筑牢能源安全基石，推动能源文明消费、多元供给、科技创新、深化改革、加强合作，实现能源生产和消费方式根本性转变，为全面建设社会主义现代化国家、实现中华民族伟大复兴的中国梦提供坚强保障。

为贯彻落实习近平新时代中国特色社会主义经济思想，做好“十四五”规划编制和发展改革工作，特编写《建设现代能源体系》

一书。本书系统阐述了习近平总书记关于能源革命重要论述的战略意义，学习贯彻习近平总书记关于能源革命重要论述的深刻体会，全面总结回顾党的十八大以来我国能源发展所取得的历史性成就，深入分析“十四五”时期我国面临的能源发展形势，提出了坚持以习近平新时代中国特色社会主义经济思想为指引做好“十四五”能源发展工作的思路方法。

本书编写组

2020 年 8 月

目 录

第四章
“十四五”能源发展面临的形势

第五章
以习近平新时代中国特色社会主义经济思想为指导做好“十四五”能源发展工作

第一章

充分认识习近平总书记关于能源革命重要论述的重大意义

习近平总书记科学把握世界政治经济格局变化和能源变革调整大趋势，科学把握中国特色社会主义进入新时代的历史方位和社会主要矛盾的历史性转变，就能源改革发展作出了一系列重要论述，开辟了中国特色能源发展理论的新境界，具有重大理论意义、重要现实意义和深远历史意义，是新时代做好能源改革发展工作的根本遵循。

第一节

明确了能源的重要战略地位

习近平总书记指出，经过长期发展，我国已成为世界上最大的能源生产国和消费国，形成了煤炭、电力、石油、天然气、新能源、可再生能源全面发展的能源供给体系，技术装备水平明显提高，生产生活用能条件显著改善。[1] 建设现代能源体系，将为我国建设社会主义现代化国家提供重要的物质保障。

一、能源是人类社会发展的重要物质基础

能源是人类社会发展的重要物质基础，是现代社会的血液，是

[1]《习近平主持召开中央财经领导小组会议强调 积极推动我国能源生产和消费革命 加快实施能源领域重点任务重大举措》，《人民日报》2014 年 6 月 14 日。

国家生产和发展的基本条件。经济发展就是要提高资源尤其是稀缺资源的配置效率，以尽可能少的资源投入生产尽可能多的产品、获得尽可能大的效益。

能源是推动人类社会发展的重要力量。纵观人类社会发展的历史，人类文明的每一次重大进步都伴随着能源的改进和更替，能源的合理开发利用和可持续发展对世界经济和人类社会发展具有重大意义。世界各国通过共同努力，不断促进世界能源可持续发展，为世界的和平与发展作出积极贡献。

作为人类社会发展的重要物质基础，能源的现代化进程将在更大程度上改变人类生存方式，进而影响到经济社会发展的方方面面。能源作为建设现代化国家的基础产业，在重塑生产方式和生活模式上的基础性作用将更加显著。

二、能源是现代经济社会发展的动力之源

习近平总书记指出，要把现代能源经济这篇文章做好，紧跟世界能源技术革命新趋势，延长产业链条，提高能源资源综合利用效率。[1]

能源是我国现代化建设的“先行官”。新中国成立之初，国家

[1]《习近平在参加内蒙古代表团审议时强调 扎实推动经济高质量发展 扎实推进脱贫攻坚》，《人民日报》2018 年 3 月 6 日。

就认识到能源工业对建立独立完整的工业体系和国家经济体系的重要性。20 世纪 50 年代，党中央作出石油勘探战略东移的重大决策，广大石油、地质工作者历尽艰辛发现大庆油田，翻开了中国石油开发史上具有历史转折意义的一页。改革开放以来，我国加大煤炭勘探开发力度，发展电力产业，全面支撑我国现代工业体系构建。葛洲坝、三峡等重大水电工程陆续建成，核电、风电、光伏发电等新能源快速发展，全面保障了改革开放和人民生活水平的提高。

能源基地是我国现代化建设的动力源泉。依托我国资源禀赋条件，建设了一批油气生产基地、大型煤炭基地、可再生能源基地，形成完整的能源产业体系，有效带动了相关产业和地方经济发展。通过建设“西煤东运”“西气东输”“西电东送”等世纪性工程，形成跨区输送能源、优化资源配置的格局，有效支撑了现代化建设和区域协调发展。

能源战略储备是我国现代化建设的“定心丸”。能源战略储备对国家发展、现代化建设意义重大，做好能源战略储备，就能做到“手中有粮、心中不慌”，更坦然地面对国际政治经济形势变化和国内能源风险挑战。21 世纪以来，国家石油战略储备加快布局建设，能源生产能力和科技能力水平不断增强，能源安全隐患排查和安全问题处置能力切实提高，夯实了现代化建设基础，增强了可持续发展的韧性和应对各种风险挑战的底气和能力。

实现2035年基本建成社会主义现代化国家的宏伟目标，离不开能源体系的现代化。建成清洁低碳、安全高效的现代能源体系，将为实现我国2035年奋斗目标和21世纪中叶第二个百年奋斗目标提供源源不竭的清洁动力。

三、能源是人民群众生产生活的基本要素

习近平总书记指出，推进北方地区冬季清洁取暖等6个问题，都是大事，关系广大人民群众生活，是重大的民生工程、民心工程。推进北方地区冬季清洁取暖，关系北方地区广大群众温暖过冬，关系雾霾天能不能减少，是能源生产和消费革命、农村生活方式革命的重要内容。[1]

保障能源服务是打赢脱贫攻坚战、全心全意为人民服务的重要内容。2019年底，全国农网供电可靠率达到99%，深度贫困地区贫困村通宽带比例达到98%，960多万贫困人口通过易地扶贫搬迁摆脱了“一方水土养不起一方人”的困境。贫困地区群众出行难、用电难、上学难、看病难、通信难等长期没有解决的老大难问题得到普遍解决，义务教育、基本医疗、住房安全有了保障。在统筹推进新冠肺炎疫情防控和经济社会发展工作中，党中央提出做好“六

[1]《习近平主持召开中央财经领导小组第十四次会议强调 从解决好人民群众普遍关心的突出问题入手 推进全面小康社会建设》，《人民日报》2016年12月22日。

稳”工作、落实“六保”任务至关重要。其中“六保”任务中明确要求做好煤电油气重点供应，保障居民用能需求。

能源发展的根本目的是要满足人民群众对美好生活的需要，满足人们对碧水蓝天和能源高品质服务的需求。

第二节

提出了能源绿色发展是生态文明建设的重要内容

习近平总书记指出，我国生态文明建设正处于压力叠加、负重前行的关键期，已进入提供更多优质生态产品以满足人民日益增长的优美生态环境需要的攻坚期，也到了有条件有能力解决生态环境突出问题的窗口期。[1]生态环境问题，归根到底是资源过度开发、粗放利用、奢侈消费造成的。资源开发利用既要支撑当代人过上幸福生活，也要为子孙后代留下生存根基。[2]破除部分地方产业布局

[1]《习近平在全国生态环境保护大会上强调 坚决打好污染防治攻坚战 推动生态文明建设迈上新台阶》，《人民日报》2018 年 5 月 20 日。

[2]《习近平在中共中央政治局第四十一次集体学习时强调 推动形成绿色发展方式和生活方式 为人民群众创造良好生产生活环境》，《人民日报》2017 年 5 月 28 日。

偏乱、产业结构偏重、能源结构偏煤等问题制约，加强生态文明建设，推动绿色发展，必须顺应全球绿色低碳发展趋势，推进能源革命，构建清洁低碳、安全高效的现代能源体系。

一、优化能源结构是生态文明建设的重要支撑

党的十八大把生态文明建设纳入中国特色社会主义事业“五位一体”总体布局，明确提出大力推进生态文明建设，努力建设美丽中国，实现中华民族永续发展。党中央把生态文明建设作为贯彻全心全意为人民服务宗旨、满足人民群众对美好生活需要的要求，提出良好生态环境是最公平的公共产品，是最普惠的民生福祉，生态环境是关系党的使命宗旨的重大政治问题，全党上下要把生态文明建设作为一项重要政治任务。

我国能源发展方式距生态文明建设要求仍有很大改进提升空间。我国生态环境赤字相当大程度是能源生产和消费总量大、结构不合理、技术落后等原因造成的。煤炭是我国的主力能源，煤炭大规模开发造成大面积采空区、地面塌陷等地质灾害，导致地下水、耕地资源破坏，能源资源富集地区资源开发与生态环境的矛盾较为突出。煤炭消费也是二氧化硫、氮氧化物、细颗粒物（$PM_{2.5}$）、有害重金属等污染物的主要排放源。$PM_{2.5}$ 污染是近年来各方广泛关注的环境问题，主要来源于燃煤和汽车用油。在大气污染重点防控区域必须加大治理力度，应对雾霾污染、改

善空气质量的首要任务是控制 $PM_{2.5}$，必须从压减燃煤、严格控车、调整产业、强化管理、联防联控、依法治理等方面采取重大举措。

要从根本上提高生态环境质量，必须贯彻落实习近平总书记关于能源革命的重要论述，推进能源生产和消费革命，优化能源结构，大力推进煤炭清洁高效利用，着力发展非化石能源，形成煤、油、气、核、新能源、可再生能源多轮驱动的能源供应体系。在具备条件的地区要把清洁能源打造成具有规模优势、效率优势、市场优势的特色支柱产业，壮大国家新型能源产业基地。

二、提升能源效率是经济高质量发展的应有之义

习近平总书记指出，推动能源消费革命，抑制不合理能源消费。坚决控制能源消费总量，有效落实节能优先方针，把节能贯穿于经济社会发展全过程和各领域，坚定调整产业结构，高度重视城镇化节能，树立勤俭节约的消费观，加快形成能源节约型社会。[1]

我国经济发展进入高质量发展阶段。高质量发展是能够很好满足人民日益增长的美好生活需要的发展，是体现新发展理念的发展，是创新成为第一动力、协调成为内生特点、绿色成为普遍

[1]《习近平主持召开中央财经领导小组会议强调 积极推动我国能源生产和消费革命 加快实施能源领域重点任务重大举措》，《人民日报》2014 年 6 月 14 日。

形态、开放成为必由之路、共享成为根本目的的发展。更形象地说，高质量发展就是经济发展从“有没有”转向“好不好”。推动高质量发展是当前和今后一个时期确定发展思路、制定经济政策、实施宏观调控的根本要求。必须坚持质量第一、效益优先，推动经济发展质量变革、效率变革、动力变革，不断增强经济创新力和竞争力。

能源低效利用是我国实现高质量发展的重大制约。尽管我国能源发展取得了巨大成绩，但是也面临着能源需求压力的巨大挑战。敞开口子消费能源，不仅我国资源、环境不可承受，全球资源、环境也难以承受。一些地方、一些领域盲目开发、过度开发、无序开发资源，以无节制消耗资源、破坏环境为代价换取经济发展，导致能源资源、生态环境问题越来越突出，甚至已经接近或超过资源环境承载能力的极限。

提升能源效率是经济高质量发展必须要解决的重大问题，节约资源是保护生态环境的根本之策。要大力节约集约利用资源，推动资源利用方式根本转变，加强全过程节约管理，大幅降低能源消耗强度。实行能耗总量和强度“双控”行动，既能节约能源，从源头上减少污染物排放，也能倒逼经济发展方式转变，提高我国经济发展绿色水平。

三、树立节能理念是实现可持续发展的关键举措

习近平总书记指出，推动形成绿色发展方式和生活方式是贯

彻新发展理念的必然要求，必须把生态文明建设摆在全局工作的突出地位，坚持节约资源和保护环境的基本国策，坚持节约优先、保护优先、自然恢复为主的方针，形成节约资源和保护环境的空间格局、产业结构、生产方式、生活方式，努力实现经济社会发展和生态环境保护协同共进，为人民群众创造良好生产生活环境。[1]

人口众多、能源资源相对不足、环境承载能力较弱是我国的基本国情之一。生态环境问题归根到底是资源过度开发、粗放利用、奢侈消费造成的。2019 年，我国煤炭、石油、天然气人均剩余可采储量分别只有世界平均水平的 58.6%、7.7% 和 7.0%。我国处于工业化、城镇化加快发展的重要阶段，能源资源的消耗强度高，消费规模不断扩大。随着经济规模的进一步扩大，能源需求还会持续增加。能源是我国当前和今后相当长一个时期内，制约经济社会可持续发展的突出瓶颈之一。

全社会节能理念比较薄弱，浪费现象较为严重。为实现我国节能减排目标，保障国家能源安全，促进经济社会可持续发展，国家制定了一系列促进节能的政策措施，但浪费能源的现象仍然时有发生。部分地方城市建设贪大求洋，汽车消费追求大排量，住房消费追求大面积，装修装饰追求豪华，大量使用一次性用品，产品过度包装等，造成消费需求的不合理增长，加剧能源供应紧张，加重

[1]《习近平在中共中央政治局第四十一次集体学习时强调 推动形成绿色发展方式和生活方式 为人民群众创造良好生产生活环境》，《人民日报》2017 年 5 月 28 日。

环境污染，助长不良社会风气，其根源在于节能的理念仍未牢固树立。艰苦奋斗、勤俭节约是中华民族的传统美德。铺张浪费绝非小事，因为它不仅脱离我国基本国情、背离优良传统文化，而且败坏了党风、政风和社会风气。

树立节能理念，全方位抓好节能工作，有利于国家的可持续发展。工业化创造了人类历史上前所未有的物质财富，但也产生了难以弥补的生态创伤。要倡导绿色、低碳、循环、可持续的生产生活方式，不断开拓生产发展、生活富裕、生态良好的文明发展道路。要重视能源利用的系统效率，用最少的资源环境代价取得最大的经济社会效益，全面推动重点领域绿色低碳循环发展，加强高能耗行业能耗管理，强化建筑、交通节能，推动各种废弃物和垃圾集中处理和资源化利用。

第三节

提出了新能源与信息融合发展是新一轮科技革命和产业变革的关键领域

习近平总书记指出，进入 21 世纪以来，全球科技创新进入空前密集活跃的时期，新一轮科技革命和产业变革正在重构全球创新版图、重塑全球经济结构。[1] 以清洁高效可持续为目标的能源技术加速发展将引发全球能源变革。全球正在酝酿一场以智能化、数字化、网络化为特点的新一轮科技革命，新能源与信息融合发展将成为此轮科技革命在能源领域的集中体现。新能源与信息融合发展，不仅将彻底改变现有能源结构和能源供需格局，更将引发经

[1]《在中国科学院第十九次院士大会、中国工程院第十四次院士大会上的讲话》，《人民日报》2018 年 5 月 29 日。

济社会的深刻变革，并形成新的经济增长点，带动我国产业优化升级。

一、能源技术革命引发人类科技文明历次跃进

习近平总书记指出，推动能源技术革命，带动产业升级。[1] 科学技术是第一生产力，是先进生产力的集中体现和主要标志。回顾人类文明历史，人类生存与社会生产力发展水平密切相关，而社会生产力发展的一个重要源头就是科技创新。科技创新是改变世界的重要力量，它源于生活需要，又归于生活之中。历史证明，科技创新驱动着历史车轮飞速旋转，为人类文明进步提供了不竭动力源泉，推动人类从蒙昧走向文明，从游牧文明走向农业文明、工业文明，走向信息化时代。纵观人类历史，每一次重大经济、社会领域的变革无不是以科技创新为先导。

能源是促进人类文明进步的重要动力。18 世纪出现了蒸汽机等重大发明，成就了第一次工业革命，开启了人类社会现代化进程。19 世纪，科学技术突飞猛进，催生了由机械化转向电气化的第二次工业革命。

[1]《习近平主持召开中央财经领导小组会议强调 积极推动我国能源生产和消费革命 加快实施能源领域重点任务重大举措》，《人民日报》2014 年 6 月 14 日。

» 专栏 1-1

历次工业革命与能源革命

第一次工业革命的最显著特点是蒸汽机的大规模应用，煤炭是这一时期最为重要的能源。蒸汽机应用到纺织业，提高了纺织业的效率和产量；蒸汽机应用到运输业，载重上千吨的火车开始在陆地上穿越，载重上万吨的轮船开始在大洋中横渡；蒸汽机应用到矿山开采业，降低了人类的劳动强度，并且可以昼夜不停、连续开采；蒸汽机应用到金属冶炼上，大型鼓风机开始使用，煤炭成为冶炼的主要燃料；蒸汽机应用到机械制造上，可以制造出更复杂、更精密的工具。伴随蒸汽机在工业生产领域的广泛使用，近代的能源工业——煤炭工业开始在世界范围内广泛建立起来。1861 年，英国的煤炭年产量已经超过 5 000 万吨。煤炭的广泛利用，被人们誉为黑色的金子、工业的食粮，成为 18 世纪以来人类使用的主要能源之一。

第二次工业革命的显著特征是内燃机的广泛应用，以及流水线生产方式的普及，石油和电力得到大规模使用。随着生产的发展，蒸汽机的缺点也暴露出来。蒸汽机非常笨重，机械效率不足10%，能源的消耗又很大，为了追求更高的机械效率，内燃机被发明并不断完善。1876年德国人奥托发明了汽油发动机（效率为28%），1892年德国人鲁道夫·狄塞尔发明了柴油发动机（效率为34%）。内燃机的发明在西方发达国家中再次引发一系列生产技术的大变革，使人类的工作效率进一步提高。由于汽车、坦克、装甲车、飞机、拖拉机、轮船等大都采用内燃机，这就导致了世界石油开采和炼油业的飞速发展，世界近代石油工业开始建立，并且逐步发展成为西方发达国家的又一重要能源。与此同时，1876年美国人贝尔发明电话，在这前后，电报、电影、电视、电梯、电扇、冰箱等也相继被发明出来。在工业技术上，电解、电焊、电镀等新工艺开始广泛运用，从而引发又一轮技术革新的浪潮。1913年，全世界的年发电量达500亿千瓦时，电力工业已作为一个独立的工业部门，进入人类的生产生活领域。

进入21世纪以来，新科技革命迅猛发展，以新能源与信息化融合发展的科技重大突破已深刻地改变了全球各国的经济、社会面貌，产业格局和组织形态。在互联网、信息革命的带动之下，人与人之间的连接方式发生了本质性变革，沟通的便捷、交流的畅通、知识的互联使得人类创造技术、开发技术和应用技术的能力得以进一步提升，技术创新进入前所未有的“黄金时代”，而技术的勃兴又以前所未有的速度改变着人类的生产和生活方式，其影响将辐射到社会的各个角落。能源与信息技术融合发展，将成为未来能源发展的大势所趋，将为人类生产生活带来前所未有的新变化。

能源科技革命造就了现代文明。人、经济、社会与自然的相互影响、相互作用共同促进了人类的文明进步和历史发展，其中能源科技创新与发展起到了至关重要的作用。一方面，人类通过获取能源、资源、空间，享受自然生态服务来获得利益并影响自然；另一方面，能源、资源、空间供给有限和生态环境恶化限制了人类发展。人与自然关系的历史演变是一个从原始和谐到打破和谐，再到实现新的和谐，也是从原始文明和农业文明的低碳（无碳）发展，到工业文明的不可持续的高碳发展，再到生态文明的可持续的低碳发展，形成螺旋式上升过程，低碳已经成为生态文明的重要特征。纵观人类文明史，人类社会先后经历原始文明、农业文明、工业文明阶段，现已进入生态文明的创建阶段。

二、新能源与信息融合创新将再次引发经济社会深刻变革

习近平总书记指出，当今世界，新一轮科技革命蓄势待发，物质结构、宇宙演化、生命起源、意识本质等一些重大科学问题的原创性突破正在开辟新前沿新方向，一些重大颠覆性技术创新正在创造新产业新业态，信息技术、生物技术、制造技术、新材料技术、新能源技术广泛渗透到几乎所有领域，带动了以绿色、智能、泛在为特征的群体性重大技术变革，大数据、云计算、移动互联网等新一代信息技术同机器人和智能制造技术相互融合步伐加快，科技创新链条更加灵巧，技术更新和成果转化更加快捷，产业更新换代不断加快，使社会生产和消费从工业化向自动化、智能化转变，社会生产力将再次大提高，劳动生产率将再次大飞跃。[1]

新能源与信息融合创新是全球新一轮科技革命的重要内容。信息技术对能源系统的全面改造，将重塑能源供需格局和产业发展格局。能源革命和数字革命深度融合是大势所趋，能源系统日益呈现数字化、智能化属性。在以可再生能源迅猛发展和“云大物移智链”（云计算、大数据、物联网、移动终端、人工智能、区块链等

[1]《为建设世界科技强国而奋斗——在全国科技创新大会、两院院士大会、中国科协第九次全国代表大会上的讲话》，《人民日报》2016 年 6 月 1 日。

技术的简称）等新一代数字技术与能源行业日益融合的背景下，能源系统生产关系将逐渐发生变化。能源数字经济将推动能源消费者向“产消者”转变，能源数字经济将形成一种新的颠覆力量。当今全球新一轮的能源革命已初露端倪，它将作为新一轮科技革命和产业变革的核心，以新能源技术与信息技术的深度融合为主要标志，把人类社会推进到以高效化、清洁化、低碳化、智能化为主要特征的全新能源时代。

新能源与信息融合创新将引发经济社会深刻变革。得益于新能源和信息的融合发展，能源供需两侧的信息可以及时传递，能源系统的运行通过实时监控进行有效调控，从而变得愈加“扁平”和透明。在可再生能源技术和先进数字技术成熟应用的基础上，能源“产消者”逐渐从虚拟走向现实。分布式能源可以快速灵活转化，根据系统中的能源价格和自身用能需求，自主选择参与的形式和角色。随着分布式可再生电力加快发展，以及电动汽车、数据中心、机器人、智能家居等新的电力利用方式不断涌现，电力消费规模、范围和方式不断扩大，人们的用能方式、习惯都将出现重大转变。在能源需求侧，人工智能、物联网、大数据等技术不断向工业与交通等终端部门渗透，分布式燃气与光伏、热泵及储能、工业余热与城市供暖等应用场景深度融合，“互联网 +”可再生能源将催生能源行业发展新模式和新业态，推动能源生产和消费方式发生革命性变化，进而带动经济社会发展模式的根本性转变。

三、新能源和信息融合发展是带动我国产业优化升级的增长点

习近平总书记指出，要立足我国国情，紧跟国际能源技术革命新趋势，以绿色低碳为方向，分类推进技术创新、产业创新、商业模式创新，并同其他领域高新技术紧密结合，把能源技术及其关联产业培育成带动我国产业升级的新增长点。[1]

世界经济已经进入新旧动能转换期。我们要找准切入点，大力推进结构性改革，通过发展数字经济、促进互联互通、完善社会保障措施等，建设适应未来发展趋势的产业结构、政策框架、管理体系，提升经济运行效率和韧性，努力实现高质量发展。要抓住新技术、新产业、新业态不断涌现的历史机遇，营造有利市场环境，尊重、保护、鼓励创新。要坚持国际创新合作，超越疆域局限和人为藩篱，集全球之智，克共性难题，让创新成果得以广泛应用，惠及更多国家和人民。

全球新能源和信息融合发展为我国产业优化升级带来巨大战略机遇。我国能源产业存在传统能源产能结构性过剩、可再生能源发展面临多重瓶颈、能源清洁替代任务艰巨、能源系统整体效率较

[1]《习近平主持召开中央财经领导小组会议强调 积极推动我国能源生产和消费革命 加快实施能源领域重点任务重大举措》，《人民日报》2014 年 6 月 14 日。

低、适应能源转型变革的体制机制有待完善等诸多问题。未来，光伏发电、风电、新能源汽车技术不断成熟，大规模储能、氢燃料电池、第四代核电等技术有望突破，能源新技术与现代信息、材料和先进制造技术深度融合，能源利用新模式、新业态、新产品日益丰富，将更好促进清洁能源消纳，提高系统转换效率，同时为现有传统能源产业、企业转型"赋能"。

能源产业发展事关一个国家的政治、经济、环境、国防等各个方面，是建设生态文明、实现创新驱动和"两个一百年"奋斗目标的重要保障。近年来应对全球气候变化助推绿色低碳发展大潮，清洁生产技术应用规模持续拓展，新能源革命正在改变现有国际能源资源版图和全球产业格局。因此，未来应加快推进新能源与信息融合发展，以新技术、新模式、新业态改造能源产业，使之成为产业优化升级的重要增长点。新能源汽车就属于新能源和信息融合发展，并对传统汽车产业改造升级、形成经济新增长点的典型案例。随着新一轮科技革命和产业变革孕育兴起，新能源汽车产业正进入加速发展的新阶段，不仅为各国经济增长注入强劲新动能，也有助于减少温室气体排放，应对气候变化挑战，改善全球生态环境。

第四节

明确了保障能源安全是国家安全的优先领域

习近平总书记指出，能源安全是关系国家经济社会发展的全局性、战略性问题，对国家繁荣发展、人民生活改善、社会长治久安至关重要。[1]

一、能源安全是世界各国国家安全的优先领域

国泰民安是人民群众最基本、最普遍的愿望。实现中华民族伟大复兴的中国梦，保证人民安居乐业，国家安全是头等大事。当

[1]《习近平主持召开中央财经领导小组会议强调 积极推动我国能源生产和消费革命 加快实施能源领域重点任务重大举措》，《人民日报》2014 年 6 月 14 日。

今世界，各国的国家安全既面临着以军事、政治和外交冲突为主的传统不安全因素的挑战，更面临着经济领域、生态环境和卫生健康等领域的安全风险，以及恐怖主义、网络攻击、武器扩散、疾病蔓延、跨国犯罪、走私贩毒、非法移民、海盗、洗钱等非传统安全问题的挑战。面对新形势新挑战，维护国家安全和社会安定，对全面深化改革、实现“两个一百年”奋斗目标、实现中华民族伟大复兴的中国梦十分紧要。坚持总体国家安全观，是习近平新时代中国特色社会主义思想的重要内容。党的十九大报告强调，统筹发展和安全，增强忧患意识，做到居安思危。

经济安全和资源安全是国家安全的重要内容。经济是国家赖以生存的基础，经济安全是国家安全的依托和基石，决定了一国的政治安全、军事安全、国际地位和角色作用。在全球化时代，各国以经济发展为基础的综合国力竞争加剧，经济安全在国家安全体系中的重要性越来越凸显。资源是经济活动的根本保障，对于人类生存与发展的贡献是基础性的、不可替代的，石油、水、耕地等资源危机层出不穷，围绕战略性资源的国际争夺愈演愈烈，并成为主导国际关系、地缘政治的重要因素。必须坚持总体国家安全观，以人民安全为宗旨，以政治安全为根本，以经济安全为基础，以军事、文化、社会安全为保障，以促进国际安全为依托，走出一条中国特色国家安全道路。要既重视传统安全，又重视非传统安全，构建集政治安全、国土安全、军事安全、经济安全、文化安全、社会安全、科技安全、信息安全、生态安全、资源安全、核安全等于一体的国家安全体系。

能源安全的重要性为世界各国所深刻认识，各国都将能源安全作为国家安全的优先领域。美国是最早把能源安全作为其国家安全优先领域的国家，2019 年美国的国家战略石油储备已经高达 7 亿桶。欧盟自成立以来长期高度关注油气供应安全和稳定，运用政治、经济、外交等手段保障其油气管道和贸易渠道畅通，并大力推动油气资源来源多元化和能源品种多元化发展。日本能源资源匮乏、对外依存度极高，始终把能源安全作为国家安全非常重要的组成部分，提出通过技术创新和治理结构变革来保障能源安全，在提高资源自给率的同时注重提高能源技术自给率，以确保日本能源选择的多样性。能源出口大国俄罗斯也将国内能源供应保障能力和油气资源出口安全作为能源安全的重点，给予高度重视。由此可见，将确保能源安全作为保障国家安全的优先领域是世界各国的一致做法。

二、能源是大国博弈的焦点和地区冲突的导火索

能源是大国博弈的焦点，是各国政治、经济、外交的重要着眼点和落脚点。能源安全对每一个大国都尤为重要。1979 年美国卡特政府宣布“任何外界力量想获得对波斯湾地区控制权的企图都将被看作是对美国生存利益的挑战，将受到包括军事手段在内的任何必要措施的反击。”欧盟为了自身的能源安全，一直在实施更加积

极的油气进口多元化政策。美国政府对俄罗斯增加对欧洲出口天然气的管道项目持明确的反对态度，并不断采取遏制措施，同时拉拢和分化欧洲一些国家。为应对美欧在经济、技术等领域的制裁，俄罗斯对内确保其能源产业稳定运行，对外打破美国等对俄罗斯国际能源市场的围堵，采取了一些有针对性的内外政策措施。具体包括，增加俄罗斯国内的天然气供应和出口，进一步挖掘石油化工产品的出口潜力等。在与美欧的经济和能源博弈中，俄罗斯政府已经充分认识到发挥科技潜力和创建自己的先进生产体系的紧迫性，提出要继续努力减少燃料和能源部门对外国技术的依赖，促进自主创新。

能源是地缘政治的焦点。大国在能源安全和能源市场方面的博弈及其能源外交政策，不断引起国际能源地缘政治格局变化，引发地区冲突，已成为全球局势不稳定的重要导火索之一。冷战结束以来，发生在中东北美地区、苏联地区的大大小小的地区冲突，都有能源资源（尤其是油气资源）权益控制与争夺的影子，有些地区冲突还直接由能源地缘政治问题或者能源市场博弈等争执而起。俄罗斯和乌克兰以及格鲁吉亚的地区冲突和紧张关系，就有强烈的能源因素和背景。波斯湾和中东地区发生了劫持油轮事件和沙特石油设施遇袭事件，一度把这一地区推向了地区大规模冲突的边缘。2018年以来，美国对伊朗的石油出口进行禁运限制，对与伊朗有石油贸易的国家和公司进行制裁，加剧了中东特别是波斯湾地区的紧张趋势。类似的事情也在委内瑞拉等南美地区上演，加剧了南美国家的地区冲突风险。

三、能源安全关系我国经济社会发展的全局和战略

习近平总书记指出，必须从国家发展和安全的战略高度，审时度势，借势而为，找到顺应能源大势之道。[1]

随着我国经济社会的快速发展和不断融入国际经济体系，我国的能源供需环境和能源安全环境发生了重大变化。从供需的环境看，我国已经从改革开放初期的基本自给自足、自我封闭式的供需平衡，到了现在需要更多依靠国际资源和国际市场实现供需平衡的阶段；从安全环境看，我国已经从过去基本没有多少能源安全忧虑，到了现在需要在激烈的国际竞争与博弈中保障能源安全的阶段。

我国能源发展外部环境不稳定，可能带来很多全局性影响。在当前及未来相当长的时间内，在助力我国经济高质量发展和构建现代化经济体系、实现“两个一百年”奋斗目标征程中，我国能源发展所面临的内外部环境正日趋复杂。全球能源格局正面临深度调整，能源供求、能源价格、能源技术和能源地缘政治都在发生深刻变化，特别是美国依托“能源新现实主义”已初步实现“能源独

[1]《习近平主持召开中央财经领导小组会议强调 积极推动我国能源生产和消费革命 加快实施能源领域重点任务重大举措》，《人民日报》2014 年 6 月 14 日。

立”，增强了全球战略腾挪能力；中东局势不稳，美国制裁伊朗、委内瑞拉事件发酵，石油输出国组织（OPEC）减产存在不确定性等多重因素叠加，导致国际油气市场供求前景存在诸多变数，给我国充分利用国际能源资源带来更多不确定性。美国“能源独立”已经对全球能源格局产生了重大冲击，美国与伊朗对抗以及中美经贸摩擦均会增加我国能源安全风险。我国需要谨慎应对，预防各种突发情形发生，确保能源安全和国家安全。

要从战略的高度把握好中国的能源安全问题。以能源供应安全为主要出发点的传统能源安全观开始逐渐向着综合能源安全观的方向发展，能源安全已从保障国内能源供应的经济问题，成为一个涉及国家安全、国家利益和对外战略等多层面的国家战略问题，同时也成为关乎国际能源供应和能源地缘政治的国际战略问题。尽管我国面临的能源安全形势总体可控，尚未出现无法应对的重大安全隐患，但是地缘政治和能源格局的新变化，有可能导致我国面临更大的能源安全风险。因此，需要从全局和战略层面高度重视和积极预防各种情形下能源不安全事件的发生，并从战术层面详细谋划、妥善应对，降低突发事件对我国能源安全造成的冲击。

第二章

学习贯彻习近平总书记关于能源革命重要论述的深刻体会

习近平总书记指出，面对能源供需格局新变化、国际能源发展新趋势，保障国家能源安全，必须推动能源生产和消费革命。[1] 我们必须深入学习领会习近平总书记关于能源革命重要论述的丰富内涵，自觉运用其武装头脑、指导实践、推动工作。

推动能源生产和消费革命是长期战略，必须从当前做起，加快实施重点任务和重大举措。我们要抓住新一轮能源结构调整和能源技术变革趋势，实现绿色低碳发展。

---

[1]《习近平主持召开中央财经领导小组会议强调 积极推动我国能源生产和消费革命 加快实施能源领域重点任务重大举措》，《人民日报》2014 年 6 月 14 日。

第一节

构建现代能源体系是能源发展总目标

习近平总书记总揽全局，准确把握我国经济社会发展的阶段性特征，提出了新时期建设清洁低碳、安全高效的现代能源体系的总目标，深刻揭示了我国能源发展的内在逻辑，为指导新时代能源发展提供了理论基础和思想遵循。

一、构建现代能源体系必须坚持“四个革命、一个合作”总方针

习近平总书记关于能源革命重要论述的主要内容是积极推动能源消费革命、能源供给革命、能源技术革命、能源体制革命，全方位加强能源国际合作。经过多年的努力，我国能源发展取得了巨大

成绩，形成了煤炭、电力、石油、天然气、新能源、可再生能源全面发展的能源供给体系，但也面临着能源需求压力巨大、能源供给制约较多、能源生产和消费对生态环境损害严重、能源技术水平总体落后等挑战。

“革命”二字富有深意。以“革命”的表述作为中长期能源发展的目标，重在强调能源体系要从消费到供给等各方面都将产生颠覆性的重大变革，在科技和体制双轮驱动的基础上，培育催生出新的能源产业和新的能源业态，推动能源发展方式从粗放增长转向集约增长，推动能源系统清洁化、低碳化，实现能源长期可持续发展。

“四个革命、一个合作”互为支撑，缺一不可。能源消费、供给、技术、体制革命和能源国际合作是能源革命任务的五个组成部分，它们相辅相成，缺一不可。要推动实施能源革命战略，需要统筹能源消费、供给、技术、体制革命，同时加强能源国际合作。任何一个组成部分发展滞后，都有可能导致能源革命进程的不均衡、不协调，延误了能源革命的整体进展。

实现能源生产和消费方式转变的标志是成功构建现代能源体系。能源革命的五个组成部分，“四个革命、一个合作”各有定位，各有侧重。其中，能源消费革命是关键，能源供给革命是基础，能源技术革命是动力，能源体制革命是保障，能源国际合作是趋势。

能源消费革命是关键。将能源消费革命放在首位，意在控制能源消费总量，抑制不合理能源消费。摆脱仅靠粗放供给满足过快增长需求的思维，转变为依靠科学供给满足合理需求，实行能源消费强度和消费总量“双控”。

能源供给革命是基础。供给革命就是要在保障安全的前提下，优化能源供给结构，形成多元化的能源供给体系。一方面要大力发展清洁能源和可再生能源，提高非化石能源比重；另一方面要优化开发化石能源，大力推动煤炭清洁高效利用，进一步发展非常规油气，适度有序推动天然气对煤炭的替代。

能源技术革命是动力。技术革命的重点在于发展绿色低碳技术，推动技术、产业、商业模式的创新，推动能源技术和信息技术等高新技术融合，结合供给侧结构性改革，把能源技术及其关联产业培育成带动我国产业升级的新增长点。

能源体制革命是保障。体制革命对能源消费、能源供给和能源技术革命既有激励，也有约束作用。能源体制革命要厘清政府和市场的边界，理顺定价机制，打破垄断，完善市场，规范竞争，加强监管，回归能源的商品属性，把能交给市场的交给市场，从而激发市场活力。

能源国际合作是趋势。随着我国能源需求增长，我国能源对外依存度不断上升，国际油气对国内市场越来越重要。随着全球科技迅速发展，人与人之间的距离显著拉近，在“地球村”中打造全球人类命运共同体是全人类发展的大势所趋。我国作为全球第一大能源消费国和全球石油、天然气市场规模最大的国家之一，加强国际合作，拓展国际合作渠道和方式，全方位、深度参与全球能源合作，主动参与全球能源治理，既是我国发展的需要，也是国际市场发展的需要。只有推行全球能源共同安全的理念，才能更好地维护我国的能源安全。

二、构建现代能源体系必须推动绿色转型

习近平总书记高度重视绿色发展。能源绿色发展是经济高质量发展和经济绿色发展的客观需要。坚持绿色发展是发展观的一场深刻革命。绿色发展是我国生态文明建设与经济发展相融合的产物，是新发展理念在经济高质量发展中的体现。绿水青山就是金山银山，生态环境问题归根到底是资源过度开发、粗放利用、奢侈消费造成的。推动绿色低碳循环发展越来越重要，已成为人类共同目标。党的十九大报告把能源发展放在“加快生态文明体制改革，建设美丽中国”的章节中进行论述，把绿色转型作为能源发展目标加以强调。党的十九大报告提出，必须坚持节约优先、保护优先、自然恢复为主的方针，形成节约资源和保护环境的空间格局、产业结构、生产方式、生活方式，还自然以宁静、和谐、美丽。因此，必须要从理念上改变过去大规模开发资源、大规模消耗资源的粗放型发展模式，树立人与自然和谐发展的新理念，才能推动能源绿色转型。我们必须要坚持绿色发展理念，坚持清洁低碳发展方向，保持战略定力、增强战略自信，才能推动能源绿色转型行稳致远。

绿色转型是能源革命的基本方向。全球能源消费结构以油气为主，我国等少数国家以煤炭为主。能源开发利用造成生态环境赤字是世界各国面临的普遍问题。我国化石能源开发利用总量规模世界最大，生态环境损失问题尤为突出。我国化石能源富集地区集中在西北地区，这些地区大多数干旱缺水，生态环境比较脆弱。为减少环境污染，各国积极推动能源清洁低碳转型，从以化石燃料为主的能源体系，加快转变到以可再生能源为基础的新型能源体系。党的十九大报告明确提出，要推进能源生产和消费革命，构建清洁低碳、安全高效的能源体系。要壮大节能环保产业、清洁生产产业、清洁能源产业。我国要始终把能源绿色生产和能源绿色消费放在能源革命的突出位置，以能源革命加速能源绿色转型，切实减少环境破坏，保障生态安全。

绿色转型符合国际发展大势。绿色清洁低碳转型是全球能源发展的大势所趋。在人类共同应对全球气候变化大背景下，世界各国纷纷制定能源转型战略，提出更高的能效目标，制定更加积极的低碳政策，推动可再生能源发展，加大温室气体减排力度。各国不断寻求低成本清洁能源替代方案，推动经济绿色低碳转型。联合国气候变化《巴黎协定》对此提出了新的更高要求，明确在21世纪末将全球温升控制在2摄氏度以内的目标，这意味着至少要在21世纪下半叶实现全球温室气体排放和吸收相平衡的目标，这将推动以新能源和可再生能源为主体的能源供应体系尽早形成。

三、构建现代能源体系必须实现能源多元供给

多元发展是推动能源转型的现实路径。我国能源结构长期以煤为主，是造成能源效率总体较低、污染排放严重、碳排放强度较高的重要原因。随着新一轮能源革命的兴起，非常规油气、核能、可再生能源、储能技术等将会为能源供应提供更加多样化的来源，一方面有助于我国能源结构多元化，保障能源安全，另一方面也有助于解决能源相关的资源环境和气候变化问题。推动能源供给革命，建立多元供给体系。立足国内多元供给保安全，大力推进煤炭清洁高效利用，着力发展非煤能源，形成煤、油、气、核、新能源、可再生能源多轮驱动的能源供给体系。

可再生能源是未来能源的主力。近几年，可再生能源成本大幅度下降。国际可再生能源署（IRENA）从全球 1.7 万个项目中收集的成本数据显示，2010—2019 年，太阳能光伏发电、聚光太阳能热发电、陆上风电和海上风电的成本分别下降了 72%、47%、35% 和 39%。2020 年，青海省可再生能源竞标价格低至 0.228 元 / 千瓦时，与水电价格相当。以可再生能源为代表的清洁能源，将成为未来能源发展的主力军。因此，要大力发展风能、太阳能，不断提高发电效率，降低发电成本，提升可再生能源电力市场竞争力。

推动形成集中式、分布式并举的能源多元供给新格局。能源的多元供给不仅仅是供给品种上的多元化，也包括供给模式上的多元

化。可再生能源的发展改变了过去以大容量、高参数、远距离为代表的能源集中式发展模式，可再生能源因能量密度较低，更适合于分布式的能源消费场合。要坚持分布式和集中式并举，不断扩大分布式利用规模，推动可再生能源高比例发展。在优化能源生产布局方面，要综合考虑能源资源禀赋、水资源条件、生态环境承载力，以及能源消费总量和强度“双控”等因素，科学规划能源重点开发基地，统筹能源生产与输送。东部地区，要鼓励充分利用国内外天然气，发展分布式可再生能源和海上风电，积极吸纳其他地区输送的清洁能源，率先减煤。中西部地区，要大力发展分布式可再生能源，做好煤炭资源保护性开发，总体上降低煤炭生产强度，加快发展煤层气，建设跨区能源输送通道及能源中转枢纽。

少用煤、用好煤。推动煤炭清洁高效开发利用，实现煤炭集中使用。多种途径推动优质能源替代民用散煤，有序推广煤改气、煤改电工程。制定更严格的煤炭产品质量标准，逐步减少并全面禁止劣质散煤直接燃烧，大力推进工业锅炉、工业窑炉等治理改造，降低煤炭在终端分散利用比例，推动实现集中利用、集中治理。建立健全煤炭质量管理体系，完善煤炭清洁储运体系，加强煤炭质量全过程监督管理。不断提高煤电机组效率，降低供电煤耗，全面推广世界一流水平的能效标准。加快现役煤电机组升级改造，建设高效、超低排放可灵活调峰的煤电机组，推动实现燃煤电厂硫化物、氮氧化物、$PM_{2.5}$、重金属、粉尘等主要污染物排放基本达到燃气电厂排放水平，建立世界最清洁的煤电体系。结合棚户区改造等城镇化建设，发展热电联产和集中供热。

四、构建现代能源体系必须强化技术创新融合

习近平总书记指出，我们迎来了世界新一轮科技革命和产业变革同我国转变发展方式的历史性交汇期，既面临着千载难逢的历史机遇，又面临着差距拉大的严峻挑战。我们必须清醒认识到，有的历史性交汇期可能产生同频共振，有的历史性交汇期也可能擦肩而过。[1]

能源一直是科技创新的重要领域。世界能源技术创新进入活跃期。能源新技术与现代信息、材料和先进制造技术深度融合，将给人类生产生活方式带来深刻变化。各国纷纷抢占能源技术进步先机，谋求新一轮科技革命和产业变革竞争制高点。

抓住能源技术革命，就相当于抓住了全球新一轮产业革命的关键。能源技术革命与产业革命息息相关，产业革命需要以优质、清洁、经济的能源作为保障，而能源技术革命将为新一代生产方式和制造工艺"赋能"。能源科技创新是实现能源革命的动能所在。我国能源科技整体水平与能源结构转型要求不适应，支撑引领作用不强，关键核心技术自主创新能力不足。与传统化石能源相比，新能

[1]《在中国科学院第十九次院士大会、中国工程院第十四次院士大会上的讲话》，《人民日报》2018 年 5 月 29 日。

源在技术经济性等方面竞争优势正在逐步显现，需要通过科技创新进一步强化竞争优势。

必须把握好能源科技发展机遇，因势利导，主动作为，集中力量实现战略目标。加快能源科技创新步伐，推动能源技术从被动跟随向自主创新转变，着力突破重大关键能源技术，加快建设智慧能源管理系统，增强需求侧响应能力，实现能源生产和消费智能互动。

» 专栏 2-1

推动能源科技革命

全面建设“互联网+”智慧能源，推动互联网与分布式能源技术、先进电网技术、储能技术深度融合。推进能源生产智能化。鼓励风电、太阳能发电等可再生能源的智能化生产，推动化石能源开采、加工及利用全过程的智能化改造，加快开发先进储能系统。加强电力系统的智能化建设，有效对接油气管网、热力管网和其他能源网络，促进能源网络互联互通和多种能源形态协同转化，建设“源—网—荷—储”（即电源—电网—电力负荷—储能）协调发展、集成互补的能源互联网。发展基于能源互联网的新业态。推动多种能源的智能定制，合理引导电力需求，鼓励用户参与调峰，培育智慧用能新模式。依托能源交易平台，实现能源自由交易和灵活补贴结算。构建基于大数据、云计算、物联网等技术的能源监测、管理、调度信息平台、服务体系和产业体系。

加强能源科技基础研究。开展前沿性创新研究。加快研发氢能、石墨烯、超导材料等技术。突破无线电能传输技术、固态智能变压器等核心关键技术。发展快中子堆核电技术。加强煤炭灾害机理等基础理论研究，深入研究干热岩利用技术。突破微藻制油技术、探索藻类制氢技术。集中攻关可控热核聚变试验装置，力争在可控热核聚变实验室技术上取得重大突破。研发经济安全的天然气水合物开采技术，研究经济性全收集全处理的碳捕集、利用与封存技术。

五、构建现代能源体系必须深化体制改革

习近平总书记指出，推动能源体制革命，打通能源发展快车道。坚定不移推进改革，还原能源商品属性，构建有效竞争的市场结构和市场体系，形成主要由市场决定能源价格的机制，转变政府

对能源的监管方式，建立健全能源法治体系。[1]

体制改革将深刻影响经济发展速度和质量，我国能源市场结构和市场体系深层次问题仍很突出，影响了能源行业发展质量。首先，能源价格尚不能充分反映能源资源稀缺性、市场化供需平衡和环境损害成本，资源要素没有实现自由充分流动。其次，市场结构不够合理，市场主体较少、能源企业主辅不分，市场竞争不足。多元化供应体系未能形成，各类市场主体参与能源供应的积极性未能充分调动。最后，政府监管方式还需完善。政府和市场的关系尚未理顺，政府缺位、越位现象并存。因此，深化能源领域体制改革势在必行。

未来应坚持社会主义市场经济改革方向，加快形成企业自主经营、消费者自由选择、商品和要素自由流动的能源市场体系。加快形成现代市场体系，政府减少对能源市场的干预，减少对能源资源直接分配和微观经济活动的行政管理，抓紧构建基础性制度，保障资源有序自由流动。全面推进能源行政审批制度改革，完善负面清单，鼓励和引导各类市场主体依法平等参与负面清单以外的能源领域投资运营。积极稳妥发展混合所有制，支持非公有制发展，推动市场主体多元化。

建立完善的油气、煤炭、电力以及用能权等交易市场，确立公

[1]《习近平主持召开中央财经领导小组会议强调 积极推动我国能源生产和消费革命 加快实施能源领域重点任务重大举措》，《人民日报》2014 年 6 月 14 日。

平、开放、透明、统一的市场规则。加强市场价格监管和反垄断执法，严厉查处实施垄断协议、滥用市场支配地位和滥用行政权力等垄断行为。全面放开竞争性环节价格，凡是能由市场形成价格的，都要交给市场。加强对市场价格的事中事后监管，规范价格行为。推动形成由能源资源稀缺程度、市场供求关系、环境修复成本、代际公平可持续等因素决定能源价格机制。妥善处理并逐步减少交叉补贴。

六、构建现代能源体系必须全方位加强能源合作

习近平总书记指出，全方位加强国际合作，实现开放条件下能源安全。在主要立足国内的前提条件下，在能源生产和消费革命所涉及的各个方面加强国际合作，有效利用国际资源。[1]

推进国际能源合作和全球能源治理是构建全球命运共同体的重要内容。国际能源合作是保持能源持续稳定供给、保障国家能源安全的重要途径。当今世界，各国相互联系、相互依存的程度空前加深，人类生活在同一个地球村里，生活在历史和现实交汇的同一个时空里，你中有我、我中有你的命运共同体成为趋势。同时，能源合作是共建“一带一路”的重点领域，中国将同世界各国在共建

[1]《习近平主持召开中央财经领导小组会议强调 积极推动我国能源生产和消费革命 加快实施能源领域重点任务重大举措》，《人民日报》2014 年 6 月 14 日。

“一带一路”框架内加强能源领域合作，为推动共同发展创造有利条件，共同促进全球能源可持续发展，维护全球能源安全。

开放条件下保障能源安全势在必行。保障能源安全，需要放在国际能源的大视野之下，深刻认识和理解能源供需格局新变化、国际能源发展新趋势，在开放的条件下，探索保障能源安全的新思路、新举措。要明确责任、狠抓落实、抓出成效，密切跟踪国际能源市场出现的新情况新变化，趋利避害，加快完善石油战略储备制度，推进能源价格、石油天然气体制等改革，大力发展非常规能源。

能源革命需要充分利用好“两个市场、两种资源”。要首先保证国内资源得到合理、充分开发，稳住资源供应的“基本盘”。同时要加强并扩大国际合作，逐步健全全球能源安全对话机制，拓宽合作领域，丰富合作内容，共同解决能源领域问题。

深度参与国际能源治理。推动能源转型、应对气候变化、减少生态环境影响是全球共同面临的挑战，需要加强国际合作，全方位促进能源领域交流，加快各国向绿色、清洁、低碳能源转型，减少能源使用过程对环境和全球气候的影响。应统筹国内国际两个大局，全方位实施能源对外开放与合作战略，抓住“一带一路”建设重大机遇，推动能源基础设施互联互通，深化国际产能合作，积极参与全球能源治理。

现代能源经济体系的目标是实现能源系统的绿色、安全、经济三者平衡（见图 2–1）。其中，实现绿色指标，意味着生态损失小、环境污染少、资源效率高、二氧化碳排放低；实现安全目标，意味着可应对“极限施压”、供应资源有保障、平均价格可承受、产供储销有弹性；实现经济目标，意味着企业和居民可承受、全社会投入产出效益高、资源配置以市场机制为主。要通过构建现代能源体系，使现代能源系统在绿色、安全、经济三个维度上，实现综合效果最优。

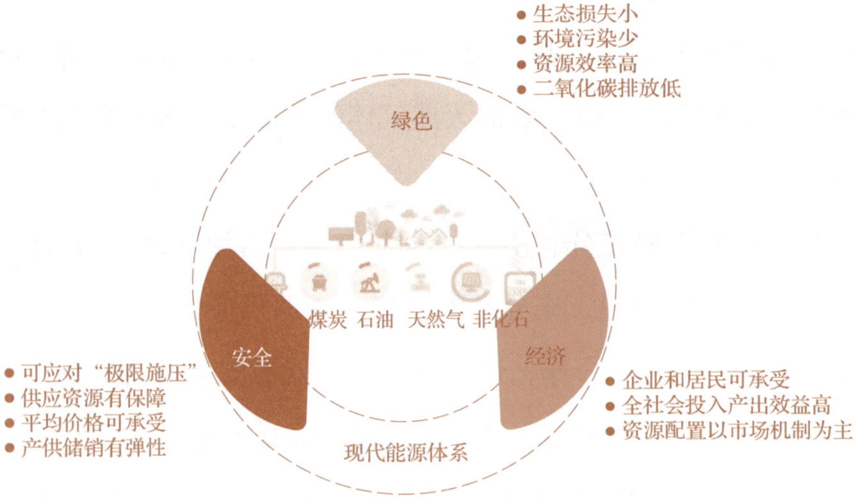

图 2–1　现代能源经济体系及其主要特征

第二节

推进能源生产消费方式转变是必然选择

推进能源革命的关键是要推动能源生产消费方式的转变。我国能源发展的主要矛盾已由能源需求总量快速增长和供应能力不足的矛盾，转变为能源绿色发展水平不高与人民群众美好生活的需要不匹配的矛盾。传统能源生产消费方式已造成能源短缺、环境污染和气候变化等多方面挑战，并成为我国可持续发展的制约。为此，应顺应国际能源发展大势，以新发展理念为指导，推动能源生产消费方式转变，实现产业转型升级，大幅提高人民群众福祉。

一、推动能源生产消费方式转变应顺应全球发展大势

在能源安全、生态系统退化和气候变化的压力下，世界经济正

在经历前所未有的大调整、大变革，以清洁能源、低碳产业、环保技术为主要特征的绿色经济成为未来的发展潮流。

全球能源生产和消费格局已发生重大变化。第一，全球能源需求虽然保持增长，但增量将几乎全部来自发展中国家。发达国家经济增长动力趋缓，以中国和印度为代表的发展中国家加快发展，成为全球经济和能源增长的主要驱动力。第二，能源资源版图呈现新的变化。受益于页岩油气的大规模开发，未来美国油气产量将进一步增加，由“OPEC+ 俄罗斯”两极主导的石油供应格局正向“美国—沙特—俄罗斯”大三角转变。第三，积极应对气候变化由全球共识变成全球行动的趋势持续增强，全球能源转型进入快车道。《巴黎协定》的签署表明各国应对全球气候变化正从共识走向行动，世界主要国家都把绿色低碳作为未来能源发展战略的主要目标。第四，技术创新融合发展，再电气化和“去中心化”初见端倪，能源行业发展模式和业态将不断被重塑。在可再生能源发展、产业和用能结构调整多重驱动下，电气化将成为驱动全球能源系统转型的重要动力。与此同时，“去中心化”也将成为新一轮变革的重要特征，互联网 + 可再生能源将催生能源行业发展新模式和新业态。

在积极应对气候变化、改善能源安全、增强绿色竞争力等驱动下，绿色低碳成为全球潮流。许多发达国家把绿色低碳作为谋求新的国际竞争优势的重要领域，纷纷制定了雄心勃勃的长期发展目标。2019 年 12 月欧盟发布《欧洲绿色协议》，提出了 2050 年欧洲大陆实现碳中和目标，丹麦、挪威、瑞典、英国等国家和地区已经制定了零碳发展目标。英国、法国、加拿大等国家成立了“无煤国家联盟”并提出2030年前淘汰煤电，德国提出2038年前淘汰煤电。根据国际能源署（IEA）研究，实现21世纪末全球2摄氏度温升控制目标，2040年全球煤炭消费需要比2017年减少57.4%。

要顺应全球能源发展大势，加速推进能源生产和消费方式转变。我国面临着能源需求刚性增长、能源供给制约较多、能源生产和消费对生态环境影响较大、能源技术水平总体落后等挑战，必须审时度势，加快能源生产消费方式转变。我国比以往任何时候都更加需要紧紧依靠科技创新，带动生产力飞跃，推动经济社会的全面、协调、可持续发展。如果我国未能把握机遇，加快发展绿色经济，可能丧失赶超和跨越式发展的机会，传统能源行业的竞争优势也将被进一步削弱。

二、能源生产消费方式转变与产业结构转型升级互驱共进

现代化经济体系的核心是推进产业体系的现代化，要从高能耗、高排放的低端产业向低能耗、高附加值的中高端产业迈进。2000—2019年，我国钢铁、水泥等高耗能原材料产品产量增长了3 ~ 7倍，生产了全球近50%的钢铁、电解铝、彩电、平板玻璃，60%的水泥、75%的空调、80%的手机和发光二极管（LED），相伴随地是我国已成为全球最大的铁矿石、原油、铝土矿甚至煤炭等

大宗产品进口国和消耗国。在全球经济加速向绿色低碳转型之际，我国高耗能、高排放的产业结构亟待优化升级。

能源生产消费方式转变，最终目的是建立清洁能源供应体系和高效能源消费体系。自工业革命以来，煤炭、石油、天然气等化石能源主宰了整个能源生产体系，而由于化石能源价格低廉，能源低效使用甚至浪费的情况屡见不鲜，大量化石能源消费带来的气候变化、环境污染问题日益成为人类共同面对的挑战。为解决这些问题，我国必须跟上全球潮流，实现“三大改变”：一是从根本上改变以化石能源为主体的能源供应格局，二是改变能源低效利用的消费方式，三是改变“敞口式”供给满足不合理需求的能源供需模式，使未来的产业结构和生产方式与能源转型方向保持一致。

统筹推动能源生产消费方式转变与产业结构转型升级互驱共进，最终目的是实现高质量发展。能源生产消费方式转变，既是产业结构转型升级的应有之义，也是推动产业结构转型升级的重要抓手，二者互为因果、互相促进。产业结构转型升级，需要以能源生产消费方式转变作为支撑；而能源生产消费方式转变，可以对产业结构转型升级形成推动和倒逼作用。

三、推动能源生产消费方式转变是人民群众的期盼

党的十九大报告指出，中国特色社会主义进入新时代，我国社会主要矛盾已经转化为人民日益增长的美好生活需要和不平衡不充

分的发展之间的矛盾。这一科学判断不仅揭示出社会主要矛盾的转化是生产力不断发展的必然结果，也是经济社会特定历史发展阶段的客观反映。能源生产消费方式与人民群众密切相关，推动能源生产消费方式转变，是人民日益增长的美好生活需要的内在要求。

我国以煤炭为主的粗放低效的能源生产消费方式，不仅导致了资源大量浪费，而且造成了极为严重的环境污染，也致使生态不断恶化，与人民群众的期盼背道而驰。值得关注的是，我国长时间高强度能源资源开发造成诸多严重的生态环境灾害。我国煤矿每年新增采空区超过 4 万公顷，累计已超过 100 万公顷。我国石油天然气资源开发消耗大量水资源，降低地下含水层水位从而导致水循环失衡。同时，我国大规模的化石能源粗放式利用是造成严重大气污染的主要原因。我国二氧化硫、氮氧化物、烟粉尘、人为源大气汞排放以及可吸入颗粒物排放长期高居世界首位，绝大部分来自化石能源燃烧。研究表明，雾霾产生的主要原因是二氧化硫、氮氧化物、烟粉尘等污染物排放，以及机动车污染物排放、施工扬尘、秸秆焚烧等。中东部地区煤炭消费密度过高是雾霾产生的重要原因。

第三节

能源安全是国家经济安全和资源安全的基石

习近平总书记关于能源安全的重要论述强调了能源对于国家安全的基石作用。第一次工业革命以来，能源对人类生存发展的支撑性作用越来越重要，对现代经济社会正常运行的关键性作用越来越突出。能源安全已成为一个国家资源安全、经济安全甚至国家安全的优先领域，对维护国家利益至关重要。无论是从20世纪已经发生过的石油危机对世界经济所产生的影响看，还是从冷战结束以来各国经济社会的发展和大国间的竞争博弈以及地缘利益争夺看，能源安全都是一个国家或经济体经济安全的基石。

一、油气安全是国际政治经济竞争的大国底气

油气安全是中国能源安全的短板。我国能源安全矛盾集中体现在油气安全上，国内油气资源难以支撑经济社会发展的需求。根据中国石油天然气集团经济技术研究院发布的《2019年国内外油气行业发展报告》，2019年我国原油进口量为5.0亿吨，同比增长9.5%，原油对外依存度升至72.5%；天然气进口量为1 373亿立方米，同比增长9.4%，对外依存度45.2%，与上年基本持平。自1993年起，我国从一个石油净出口国变成了净进口国后，石油对外依存度持续上升。在2017年超过美国成为最大石油进口国后，2018年我国又超过日本成为最大的天然气进口国。一旦国际油气供应出现动荡，将对我国社会安定和经济发展产生严重影响。除资源总量不足之外，我国还面临油气进口通道集中度高的风险。近几年我国油气进口来源虽然日趋多元化，但仍集中在中东等少数地缘政治不稳定区域。

油气资源历来是国际政治经济竞争的焦点。从世界范围看，油气安全在不同的历史时期，呈现出不同的特点。第二次世界大战后的半个世纪里，石油供应中断时有发生，国际油价大涨大落，经济合作与发展组织（OECD）国家为应对这种不时发生的石油供应“危机”成立了IEA，并建立了共同石油储备和预警体系。进入21世纪，石油继续保持战略资源的属性，同时其金融属性愈发凸显，

对国际石油市场和世界经济的影响进一步增加。未来全球石油和煤炭需求将在能源转型中逐步下降，但天然气需求将快速增长，围绕天然气资源的争夺将有增无减。

保障油气安全可以增加我国在国际竞争中的回旋余地。提升油气安全能力，需要从资源安全、通道安全、应急储备安全等多个方面提供保障。其中，资源安全是指从国内国外两个渠道获取油气资源，结合国际能源形势和国际政治经济形势变化，调控国内国际资源的合理比例。通道安全是指统筹考虑陆上油气管道运输、海上油气运输等多种形式，通过运输通道多元化，实现国内油气通道相互畅通、灵活互济。应急储备安全是指建设一定规模储备能力，既包括战略储备设施，也包括商业储备设施，实现国家能源安全储备的经济效益最优。

二、保障电力供应是保障经济社会发展和民生的基本要求

电力是未来能源系统的核心。与煤炭、石油、天然气等一次能源相比，电力具有一系列难以替代的优点：从能源形态属性看，电力在能源系统中处于枢纽地位，煤炭、石油、天然气、核能、水能、风能、太阳能等都可以转化为电力，同时电力也可转化为热、冷、光等终端能源形式；从能源输送的角度看，电力可以较低成本实现几千公里距离的远程输送，运输过程能源损失较少，输送工程

占地面积较小；从终端利用看，电力使用过程中没有污染物和温室气体的直接排放，使用方便，安全性高，能满足不同设备工艺要求，实现精密控制。电力独有的特点，使其在与其他能源品种的竞争中逐渐占据优势，越来越多的一次能源被转换为电力加以使用。随着核电、太阳能发电、风电设备技术不断成熟，电力供应能力持续提高，供电成本稳步下降，进一步巩固了电力在能源系统中的核心地位。

未来电力的应用场景越来越多。从终端能源消费环节看，传统的用电领域和用电方式主要包括照明、加工、制造、运输、制冷、通信等方面。未来电能的利用规模和范围将前所未有地拓展和深化，对其他终端能源消费品种的替代作用越来越明显。特别是随着电能替代技术经济性不断提高和政策标准逐步完善，工业电锅炉、电窑炉、电动汽车、电采暖等用电设备不断普及，工业、交通、建筑等终端部门电气化水平将持续提升。随着5G时代的到来，数字经济产业迎来加速发展，数据中心、通信基站等领域的电力需求将保持强劲增长，进一步促进全社会电气化水平提升。电力在经济社会系统中的基础性地位将更加突出。

保障电力供应是保障经济社会发展和人民生产生活的重要内容。人类发展历史表明，随着现代化程度不断提高，电力短时间中断和大面积停电对经济社会发展带来的影响越来越大。2003年8月14日，北美地区发生了有史以来最严重的大面积断电事故，该次停电事故波及美国四分之一的地区。美国的纽约、底特律、克利夫兰，加拿大的渥太华、多伦多等重要城市和周边地区近5 000万人受到影响，造成国内生产总值（GDP）每天损失高达250亿~300亿美元。随着电力系统智能化水平不断提高，电网也越来越频繁地成为网络攻击的目标。2015年12月23日下午，乌克兰首都基辅的电网受黑客攻击瘫痪，使基辅部分地区和乌克兰西部的140万人突然遭遇停电。随着电力在能源系统中的核心地位不断提高，以及电力在经济社会运行中的支撑性作用不断增强，保障电力安全对维护国家经济安全乃至国家安全的重要性也越来越突出。

未来电力系统将向绿色、智慧、高效、更有韧性方向升级。传统的电力供应主要关注电力供应来源和电力供应通道的安全，对电力系统绿色化程度、智能化程度和电力系统效率关注较少。在解决电力供应来源和供应通道安全问题的同时，绿色、智慧、高效和更有韧性将成为未来电力系统安全的新目标。绿色是指电力系统更加清洁、低碳，意味着风电、光伏发电、生物质发电、核电等可再生能源和新能源的比重越来越高。智慧意味着随着大数据、云计算、人工智能、5G等技术加速发展，信息技术在更大范围、更多场景的电力系统中得以应用，电力系统调控的自动化、智能化程度越来越高。高效是指发电、加工转换、输电、配电、用电的效率越来越高，经济效益越来越好。更有韧性是指电力潮流冲击导致电力系统故障的概率越来越低。电力系统的转型升级，既有利于提高电力安全、保障经济社会正常运转，又有利于减少环境污染和温室气体排放，还有利于提高经济发展的质量和效益。

三、发展可再生能源是保障生态安全和资源安全的共同道路

可再生能源是全球能源中长期发展的必然选择。包括可再生能源在内的各种新能源资源，具有开发潜力大、环境污染低、可永续利用的特点。大力发展新能源，是破解能源资源约束、保护生态环境、减缓全球气候变暖、推进生态文明建设、促进经济社会可持续发展的必然道路。发展可再生能源已经成为国际能源发展的新趋势，可再生能源和其他的新能源在电力、热力、交通燃料等领域已经表现出了越来越重要的作用。联合国在2011年提出的“人人享有可持续能源”战略中明确了全球可再生能源的发展目标：到2030年可再生能源在终端能源消费中的比重，要在2010年的基础上翻番，即到2030年可再生能源在能源消费中的比重达到36%左右，其中现代化利用的可再生能源要达到30%以上。多家国际专业机构分析未来全球可再生能源发展前景时指出，2030年全球可再生能源和其他新能源的比重将超过全球终端能源需求的20%；乐观的预测是，这一比重2030年将达到40%以上，2050年将达到70%以上。

可再生能源是我国能源发展的战略选择。大力发展新能源，有利于保障能源供应安全，加快国家战略性新兴产业发展、推动经济发展方式转变、实现高质量发展。建立以可再生能源为主的新型能

源体系，已经成为一些发达国家的现实选择和持续行动。我国坚持可再生能源优先发展，通过战略导向调整、能源技术创新、体制机制改革和创新，建立目标导向、市场驱动、科技推动和扶持政策相结合的发展机制，在规模化发展中加速产业升级，不断提高市场竞争力，释放可再生能源发展潜力，提高可再生能源在能源生产和消费中的比重。把可再生能源利用作为能源结构调整和煤炭消费替代的优先途径，把可再生能源终端利用紧密融入工业、建筑、交通等各能源消费部门。以技术创新和体制机制创新为动力，为可再生能源大规模应用创造条件。抓住新一轮科技革命机遇，大力推进先进新能源技术装备研制、能源与电力系统智能化升级，显著提高风电和光伏发电等新能源的技术水平和经济竞争力，重塑能源与电力系统；加快体制机制创新，推进能源体制和市场化机制改革，基本形成保障可再生能源电力消纳的电力市场，建立适应可再生能源发展的体制机制和管理体系，为可再生能源加快发展创造条件。

可再生能源是维护国家能源安全的重要保障。我国水能、风能、太阳能等可再生能源资源较为丰富，发展可再生能源逐步替代化石能源资源是维护国家生态安全、保障资源安全的重要举措。党的十八大以来，我国可再生能源产业保持快速发展，并开启了规模化替代化石能源的新阶段。我国已经形成了稳定的可再生能源市场和较完整的可再生能源产业体系，可再生能源技术快速进步，产业实力显著提升，市场规模逐渐扩大。未来要进一步提高可再生能源发电规模和比重，稳步推进水电建设，实现风电、光伏发电的全面商业化发展，使可再生能源发电成为全国重要电源和部分地区主要电源，使分布式可再生能源发电成为重要利用方式，为集中式供电提供重要补充和支撑。逐步建成支撑新能源发电的新型电力体系，推动风电和光伏发电引领未来供应增长。要使太阳能、生物质能（燃气）、地热能等现代可再生能源热利用技术全面普及，成为工商业和居民重要用热来源，通过城市热力管网和分散供热系统，与电供热和化石能源供热系统实现有效融合互补。要在农村和乡镇继续使用沼气和成型燃料，为人民群众提供炊事和锅炉等热能需求，努力改善人民群众的用能条件。电力系统和其他清洁能源系统智能化融合发展必将推动适应支撑引领可再生能源发展壮大的体制机制、技术路线和发展模式，实现新一轮创新。

第三章

党的十八大以来习近平新时代中国特色社会主义经济思想指导我国能源发展取得历史性成就

党的十八大以来，在习近平新时代中国特色社会主义经济思想指导下，我国能源发展取得一系列新成绩，有力地保障了我国经济实力整体提升和生态文明建设取得历史性成效，为进一步增强国家综合实力发挥了重要的支撑作用。

第一节

能源消费结构明显改善

能源是支撑经济社会发展和民生改善的重要基础。实现建设社会主义现代化强国的目标，我国能源消费水平还需进一步提升。党的十八大以来，为支撑国内生态文明建设，我国坚定不移控制能源消费总量，有效落实节能优先方针，推动能源消费结构优化升级，提升清洁能源普遍服务水平，实现了从“一煤独大”到清洁绿色的巨大转变，走上了节能降耗、集约高效的新道路。

一、能源消费总量过快增长势头得到控制

能源消费增速逐步放缓。随着我国能源消费革命深入推进，能源消费总量过快增长势头得到有效控制。2013—2019 年，我国以年

均2.7%的能源消费增长，支撑了年均7%的经济增长。2019年，全国能源消费总量为48.6亿吨标准煤，比2012年增长20.9%（见图3–1）。党的十八大以来，能源消费年均增幅比2005—2012年低3.6个百分点。

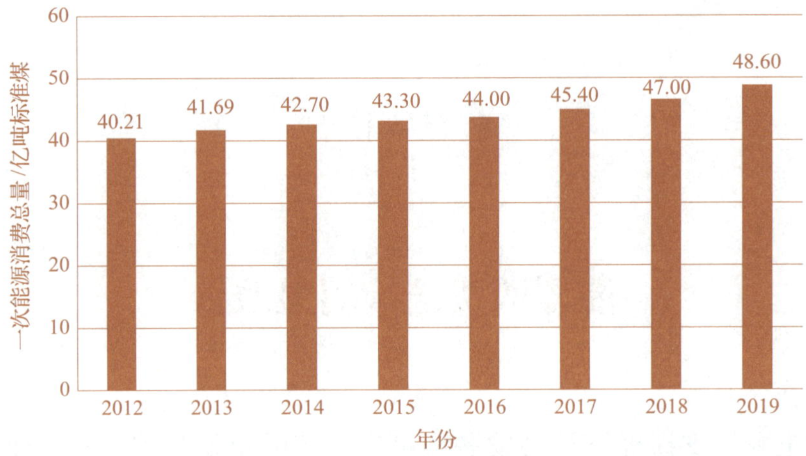

图3–1　党的十八大以来我国一次能源消费总量变化

能源消费弹性系数总体保持较低水平。随着低能耗产业快速发展，经济结构不断优化升级，我国能源利用效率水平进一步提高，能源消费弹性系数明显降低。2012—2019年能源消费弹性系数为0.41，比2005—2012年降低0.27（见图3–2）。2005—2019年，全国单位GDP能耗累计降低43%，其中2013—2019年同比分别降低3.8%、4.6%、5.3%、4.8%、3.5%、3.0%、2.6%。

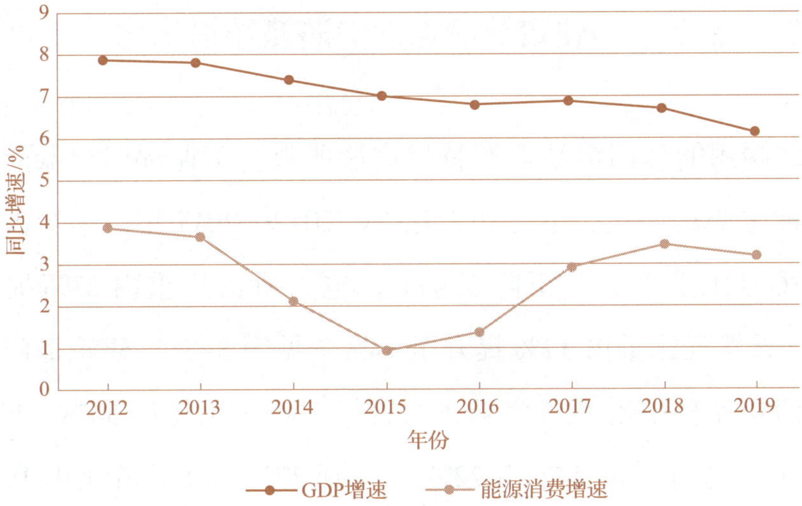

图 3-2 党的十八大以来我国 GDP 与一次能源消费增速变化

能源消费“双控”有序推进。“十三五”期间，我国制定了到 2020 年万元单位 GDP 能耗比 2015 年下降 15%、能源消费总量控制在 50 亿吨标准煤以内的能源“双控”目标。实行能耗总量和强度的“双控”行动，主要目的是引导各地区处理好能耗“双控”与经济社会发展的关系，提高能源利用效率，倒逼经济发展方式转变，促进产业结构不断优化升级，实现高质量发展。“十三五”前四年，我国能源消耗强度累计下降率已完成“十三五”总目标的 87.1%，超出进度目标 7.1 个百分点，为 2020 年完成“十三五”强度控制目标奠定了较好基础。能源消耗增量已占用“十三五”增量控制总目标的 79.0%，低于进度目标 1 个百分点。

二、工业交通建筑等重点部门消费结构优化

终端用能部门清洁能源替代进展明显。工业部门终端能源消费品种主要是煤炭、电力和天然气。2012—2017 年，煤炭占工业终端用能比重由 57% 下降至 47%，电力所占比重由 23% 提升至 28%，天然气比重由 12% 提升至 14%（见图 3–3）。建筑部门终端能源消费品种中电力、煤炭、天然气三者占比超过 50%。2012—2017 年，电力所占比重由 22% 提高到 27%，煤炭占比由 19% 下降到 16%，天然气比重由 9% 提高到 11%（见图 3–4）。交通部门主要用能品种为油品，2012—2017 年其所占比重下降 2 个百分点，天然气在交通终端用能比重提升了 2 个百分点。2018 年，我国天然气汽车保有量达到 670 万辆，加气站约 9 000 座，均居世界第一。

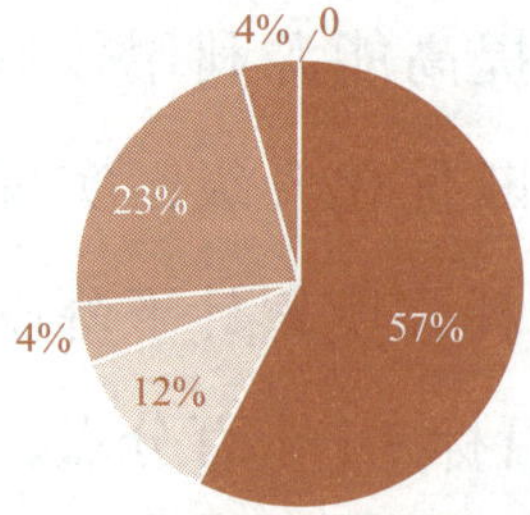

（a）工业用能结构（2012 年）

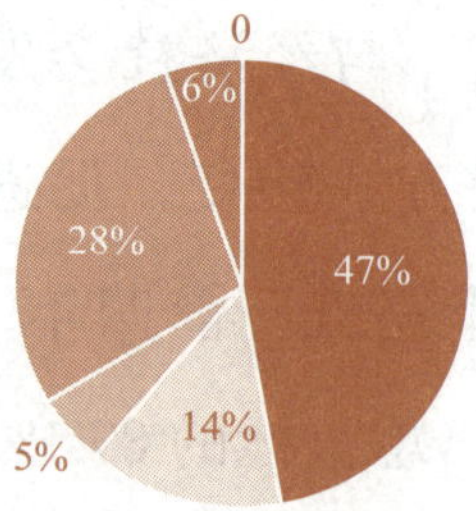
（b）工业用能结构（2017年）

图 3–3　工业行业终端能源消费结构变化

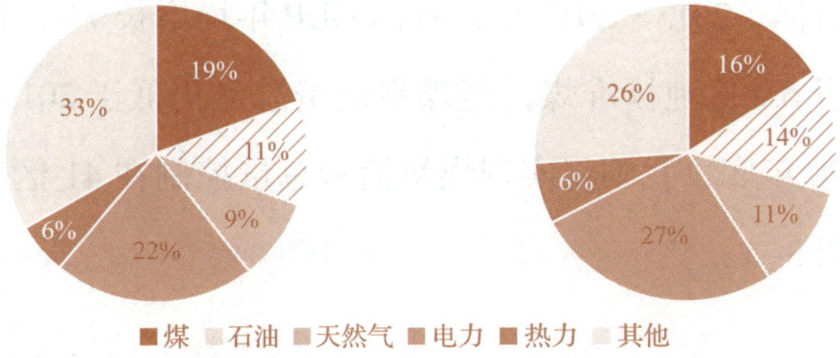

（a）建筑用能结构（2012年）　（b）建筑用能结构（2017年）

图 3–4　建筑行业终端能源消费结构变化

煤炭消费增长得到有力控制。2013年，国务院印发《大气污染防治行动计划》，我国开始推进实施重点区域煤炭减量替代。2016年国务院印发《“十三五”生态环境保护规划》，明确了“十三五”期间重点地区和重点城市煤炭消费减量工作目标和要求。2016年国家发展改革委、国家能源局印发的《能源发展“十三五”规划》设定了2020年煤炭消费总量控制指标。2018年中共中央、国务院印发的《关于全面加强生态环境保护 坚决打好污染防治攻坚战的意见》和国务院印发的《打赢蓝天保卫战三年行动计划》提出，在重点区域继续实施煤炭消费总量控制，2020年北京、天津、河北、山东、河南五省市煤炭消费总量比2015年下降10%，长三角地区下降5%，汾渭平原实现负增长，新建耗煤项目实行煤炭减量替代，2020年全国电力用煤占煤炭消费总量比重达到55%以上。在一系列政策措施推动下，煤炭消费总量控制已经取得显著成果，煤炭在能源消费总量中的占比从2012年的68.5%降低至2019年的57.7%，提前实现煤炭消费比重降低到58%以下的“十三五”煤炭消费控制目标。2013—2019年，我国GDP年均增长7%，能源消费总量增长了6.9亿吨标准煤，但煤炭消费总量仍低于2013年水平；预计到2020年底，我国将实现煤炭消费总量控制在41亿吨以内的目标（见图3–5）。

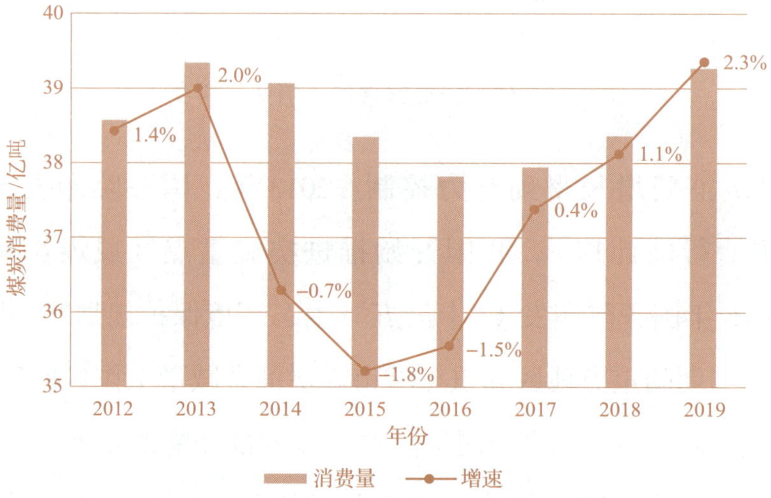

图3–5 党的十八大以来我国煤炭消费总量及增速变化

清洁能源消费占比快速提升。天然气和非化石能源等清洁能源快速发展，特别是以风电、光伏发电为代表的非化石能源持续快速发展，带动能源消费结构不断调整优化。2019年，天然气消费量达到3 064亿立方米，同比增长9.4%，比2012年增长105%，2012—2019年间年均增速10.6%。2019年，非化石能源消费量达到7.46亿吨标准煤，在一次能源消费中占比15.3%，比2012年提高5.7个百分点，2012—2019年间非化石能源消费量年均增长9.7%（见图3–6）。2019年全社会用电量7.23万亿千瓦时，比2012年增长46%。

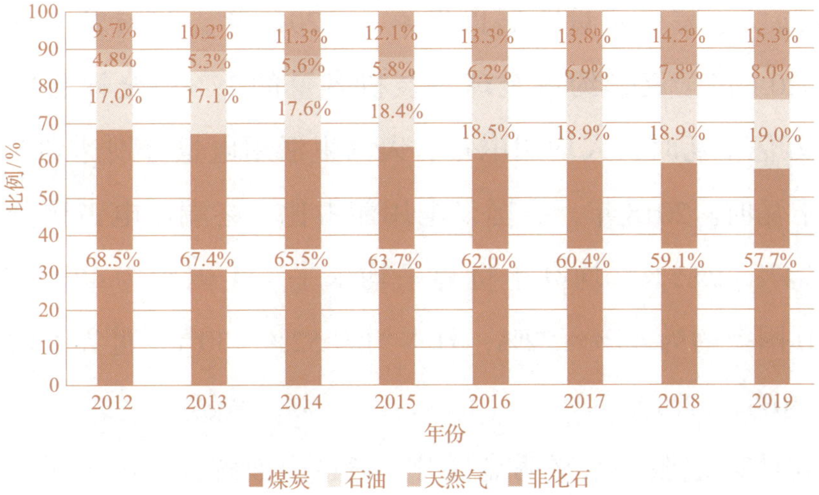

图 3-6 党的十八大以来我国一次能源消费结构变化

三、能源终端电气化水平快速提升

电能替代快速发展。为有效解决环境问题和构建绿色消费模式，国家出台了一系列政策促进电能替代。电能替代工作在国家经济发展的多个领域展开，在交通、工农业制造、采暖技术等领域发展尤为迅速。据中国电力科学研究院统计，2019 年我国在交通领域的电能替代量为 170 亿千瓦时，在工农业制造领域的电能替代量为 1 322 亿千瓦时，在采暖领域的电能替代量为 149 亿千瓦时。2019 年全年累计完成替代电量 2 133 亿千瓦时，同比增长 36.9%，相当于减少燃煤 8 615 万吨，减少二氧化碳排放 2.2 亿吨，减少二氧化硫、氮氧化物以及粉尘排放 798 万吨，节能减排效益明显。

发电用能占比、终端用电占比与发达国家基本持平。2013

年我国发电装机容量跃居世界第一。2019 年，我国发电总装机容量 20.1 亿千瓦，约占全球总装机容量的 27%；全社会用电量 7.23 万亿千瓦时，人均用电量、人均生活用电量分别达到 5 161、732 千瓦时。2018 年，我国发电用能占比、终端用电占比分别达到 46.4%、25.5%，均高于世界平均水平（美国约为 48%、24%，OECD 国家约为 45%、22%，日本约为 52%、30%，世界平均水平约为 40%、17%）。

电力普遍服务水平明显提升。通过全面解决无电地区人口用电问题、大力推进城乡配电网建设改造和动力电全覆盖、加大能源扶贫工作力度，能源发展成果更多惠及全社会，人民群众的获得感和满意度明显提高。2012 年底，全国还有 273 万人口没有用上电，主要分布在新疆、四川、青海、甘肃、内蒙古、西藏等偏远地区。2013 年我国正式启动《全面解决无电人口用电问题三年行动计划（2013—2015 年）》，对全面解决我国无电人口用电问题作出安排。到 2015 年底随着青海省果洛藏族自治州班玛县果芒村和玉树藏族自治州曲麻莱县长江村合闸通电，全国如期实现“无电地区人口全部用上电”目标。

电网改造升级，实现从“用上电”到“用好电”的提升。《配电网建设改造行动计划（2015—2020 年）》提出，到 2020 年中心城市（区）智能化建设和应用水平大幅提高，供电可靠率达到 99.99%，供电质量达到国际先进水平。2016 年，新一轮农村电网改造升级工程启动，当年通过实施全国小城镇、中心村农网改造升级和农村机井通电工程，总投资约 1 900 亿元，惠及 8.5 万个小城镇和中心村，覆盖 2.1 亿亩农田。“十三五”期间，该工程预计总投资将超 7 000 亿元。

光伏扶贫工程，更好释放“阳光红利”。光伏扶贫被国务院扶贫开发领导小组列为“精准扶贫十大工程”之一。2016 年，国家发展改革委、国务院扶贫办、国家能源局、国家开发银行、中国农业发展银行联合印发《关于实施光伏发电扶贫工作的意见》（发改能源〔2016〕621 号），启动光伏扶贫试点工作。截至 2019 年底，“十三五”光伏扶贫项目建设任务全面完成，光伏扶贫建设已进入收口阶段，累计建成光伏扶贫电站约 2 650 万千瓦，可帮扶约 418 万户贫困户。

第二节

能源多元绿色供给体系基本形成

提高国家能源安全、改善能源结构，需要大力推进能源供给侧结构性改革。党的十八大以来，我国顺应可再生能源规模化发展的国际能源转型趋势，能源供给结构向清洁低碳方向稳步推进，能源输配网络和储备设施持续完善，实现了从供给短缺到总体宽松的巨大转变，走上了多轮驱动有力、保障体系完善的新道路。

一、能源供给能力大幅跃升

能源生产实现大发展。生产能力大幅提升，初步形成了煤、油、气、可再生能源多轮驱动的能源生产体系，我国已成为世界能源生产第一大国，基础保障作用显著增强。2018 年煤电、水电、风电、太阳能发电装机容量居世界第一，核电装机容量世界第三、在建规模世界第一，清洁能源发电装机占比提高到40%左右。2019年能源生产能力进一步提升，一次能源生产总量达到39.7亿吨标准煤，原煤产量38.5亿吨，原油产量1.9亿吨，天然气产量1 776.5亿立方米。

能源加工转换效率普遍提高。2017年规模以上工业企业能源加工转换效率比2012年提高1.8个百分点。其中，火力发电提高1.5个百分点，供热提高3.4个百分点，煤制品加工提高4.9个百分点，原煤洗选提高2.9个百分点，炼焦与制气提高0.3个百分点，炼油及煤制油下降0.6个百分点。能源资源节约成效显著。煤炭生产能耗不断下降，大中型煤矿原煤生产综合能耗为11.8千克标准煤/吨、生产电耗为20.4千瓦时/吨，分别下降30.9%、28.2%。炼油能耗不断下降，全国炼油综合能耗降至63千克标准油/吨。供电煤耗不断降低，比2012年下降13克/千瓦时，降至312克/千瓦时。全国煤电机组平均发电效率提升至41.4%，全球范围内仅略低于日本。线损率、厂用电率总体下降，输电线损率较2012年降低0.27个百分点至6.47%，平均厂用电率则降低0.3个百分点至5.09%。

二、煤炭行业深化供给侧结构性改革

煤炭行业去产能稳步推进。2015年，习近平总书记在中央财经领导小组第十一次会议上首次提出了“着力加强供给侧结构性改革”。煤炭行业去产能成为重点，引领我国能源供给侧结构性改革。2016 年 2 月，《国务院关于煤炭行业化解过剩产能实现脱困发展的意见》（国发〔2016〕7 号）发布，提出自 2016 年起，3 至 5 年内煤炭行业将退出产能 5 亿吨左右、减量重组 5 亿吨左右。随后几年国家实施系列措施推进煤炭供给侧结构性改革，从 2016 年到 2018 年底，煤炭行业累计化解过剩产能 8.1 亿吨，提前完成“十三五”目标任务。2019 年我国煤炭已由“总量性去产能”全面转入“结构性去产能、系统性优产能”的新阶段。煤炭行业从 2012—2015 年的严重供大于求，逐步调整到近几年供求基本平衡的状态。

煤炭生产区域集中度提升。煤炭供需地域由过去的分散型向区域集中化转变，“西煤东运”“北煤南运”格局进一步强化。煤炭生产重心加快向资源禀赋好，开采条件优的地区集中。2019 年，内蒙古、山西、陕西、新疆、贵州、山东、安徽、河南 8 省（区）原煤产量 34.2 亿吨，占全国的 89.1%。其中，山西、陕西、内蒙古、新疆 4 省（区）原煤产量 29.6 亿吨，占全国的 76.9%。煤炭企业由过去的中小煤矿为主向大型现代化、智能化迈进，产业结构不断优化。中国煤炭工业协会数据显示，全国煤矿数量由 2015 年的 12 000 多处减少到 2019 年的 5 600 多处，大型现代化煤矿的产量比重大幅提升，2019 年占到全国煤炭总产量的 80% 左右，其中年产量超过 2 000 万吨的企业 28 家。与此同时，煤炭上下游产业融合发展，煤电、煤焦、煤化、煤钢一体化发展趋势明显，煤炭经济发展活力显著增强；新技术、新模式推动了新能源、现代物流、金融服务、矿区休闲旅游、健康养老等多元产业的协调发展；煤炭行业转型升级不断取得新的进展，部分大型煤炭企业非煤产业比重超过 60%。

防范化解煤电产能过剩风险各项工作有序推进。2017 年 3 月国务院《政府工作报告》中提出，要淘汰、停建、缓建煤电产能 5 000 万千瓦以上，以防范化解煤电产能过剩风险，提高煤电行业效率，优化能源结构，为清洁能源发展腾空间。同年 8 月《关于推进供给侧结构性改革 防范化解煤电产能过剩风险的意见》（发改能源〔2017〕1404 号）明确指出，“十三五”期间，全国停建和缓建煤电产能 1.5 亿千瓦，淘汰落后产能 0.2 亿千瓦以上，实施煤电超低排放改造 4.2 亿千瓦、节能改造 3.4 亿千瓦、灵活性改造 2.2 亿千瓦。截至 2019 年底，我国国内煤电装机为 10.4 亿千瓦，占全国全口径发电总装机容量的比重为 51.7%，较 2015 年下降 7.3 个百分点。煤电自身的节能减排也取得良好成绩，截至 2018 年三季度末，我国煤电超低排放和节能改造“十三五”总量目标任务提前两年完成，已建成世界最大的清洁煤电供应体系。

三、油气产业能力不断提升

油气探明储量保持增长。国内油气行业坚决贯彻党中央决策部署，站在保障国家能源安全的高度加大勘探开发投入。2018 年起，全国石油与天然气新增探明地质储量止跌回升，当年石油新增探明地质储量 9.95 亿吨，同比增长 9.4%，天然气新增探明地质储量 8 312 亿立方米，同比增长 49.7%，页岩气新增探明地质储量 1 247 亿立方米，煤层气新增探明储量 147 亿立方米。

油气及其主要产品生产平稳较快增长。2019 年全年原油天然气总产量 3.47 亿吨（油当量），同比增长 4.7%，主要化学品总产量增长约 4.6%。2019 年全国原油产量 1.91 亿吨，同比增长 0.8%；天然气产量 1 776.5 亿立方米，同比增长 10.8%，增幅较 2018 年增加 2.5 个百分点。

石油炼制业结构持续优化。石油产业布局不断优化，截至 2019 年底我国原油一次加工能力 8.48 亿吨 / 年，居世界第二；千万吨级炼厂数量从 2015 年的 21 座提高到 25 座；环渤海、长三角、珠三角炼化产业集群基本形成，炼厂平均规模进一步提升。石油加工行业发展质量效益进一步提升，全国范围内成品油全面完成国 4 到国 6 的升级；2019 年，我国原油加工量 6.52 亿吨，较 2015 年提高了 24.9%，产能利用率达到 76.8%；成品油产量 3.60 亿吨，产能利用率从 2015 年的 65.5% 提高到 76.9%，去产能效果显著。行业产品结构进一步优化，生产、消费柴汽比矛盾得到有效缓解。其中生产柴汽比从 2015 年的 1.49 下降到 2019 年的 1.18，基本实现了与消费结构的适应。

国内油气企业稳步走出去。截至 2019 年底，我国已有包括中央企业［中国石油天然气集团有限公司（以下简称“中石油”）、中国石油化工集团有限公司、中国海洋石油集团有限公司、中国中化集团有限公司、国家能源集团有限公司等]、地方国企[陕西延长石油(集团)有限责任公司]和民营企业[新疆广汇实业投资(集团)有限责任公司、洲际油气股份有限公司等]在内的各类企业在中东、美洲、中亚和非洲等地的50多个国家拥有众多油气勘探开发项目,基本建成了中亚—俄罗斯、中东、非洲、美洲、亚太五大海外油气合作区。

四、电力规模跃居世界首位

自2011年起,我国电力工业规模连续9年位居世界第一。党的十八大以来,发电装机规模持续增长。2013—2018年,连续6年新增发电装机容量超过1亿千瓦,年均新增发电装机容量1.25亿千瓦,其中可再生能源发电装机容量年均增长7 149万千瓦。2019年,我国发电量超过全球发电量的四分之一,大约是欧盟的2倍,相当于美国、日本、俄罗斯三国的总和。2019年,全国新增发电装机容量10 500万千瓦。其中,新增水电445万千瓦(新增抽水蓄能30万千瓦),新增火电4 423万千瓦(新增煤电3 236万千瓦,新增气电630万千瓦),新增核电409万千瓦,新增并网风电和光伏发电装机容量分别为2 572万千瓦和3 011万千瓦。

可再生能源发电规模世界第一。中国电力不断向清洁化方向发展,发电装机结构日趋优化。从电力装机结构看,2019年,可再生能源装机规模总量世界第一,装机容量达到7.94亿千瓦,占全部电力装机容量约39.5%。其中，水电装机容量3.58亿千瓦、风电装机容量2.09亿千瓦、光伏发电装机容量2.04亿千瓦、生物质发电装机容量2 369万千瓦。从发电量结构看，2019年，可再生能源发电量也位居世界第一，发电量达2.04万亿千瓦时，占全部发电量比重为27.9%。其中，水电1.30万亿千瓦时，风电4 053亿千瓦时，光伏发电2 237亿千瓦时，生物质发电1 111亿千瓦时。

建成全球最大的清洁煤电供应体系。近年来，我国加大燃煤机组的超低污染物排放改造。2014年5月，国家出台《煤电节能减排升级与改造行动计划》，明确要求火电厂燃煤锅炉的大气污染物排放浓度基本符合燃气机组排放限值；2015年12月，国务院常务会议要求加大清洁改造范围和力度，要求至2017年和2018年底完成东部和中部地区的燃煤机组超低排放改造。经各方努力，2015年全国完成1亿千瓦燃煤机组超低排放改造，其中85%由五大电力企业完成。截至2018年三季度末，我国煤电机组累计完成超低排放改造7亿千瓦以上，占全部煤电机组75%以上，提前超额完成5.8亿千瓦总量改造目标，加上新建的超低排放煤电机组，我国超低排放煤电机组已达7.5亿千瓦以上；节能改造累计已完成6.5亿千瓦，其中“十三五”期间完成改造3.5亿千瓦，提前超额完成“十三五”3.4亿千瓦改造目标。这标志着我国已建成全球最大的清洁煤电供应体系，煤电超低排放和节能改造总量目标任务提前两年完成。

电网覆盖范围和安全运行水平世界领先。2018年全国已经形成了华北、东北、华中、华东、西北、南方六个大型区域交流同步电网，除西北电网以750千伏交流为主网架外，其他电网以500千伏交流为主网架，华北电网和华东电网建有1 000千伏特高压工程。电压等级35千伏及以上的输电线路回路长度189万千米，相当于绕地球赤道47圈。电网电压等级世界最高，2018年，电网最高电压等级1 100千伏，超过巴西（800千伏）、美国（765千伏）、印度（765千伏）、俄罗斯（750千伏）、日本（500千伏）；变电设备容量40.3亿千伏安；跨区输电能力不断提高，2019年跨区输电能力达到1.5亿千瓦，其中交直流联网跨区输电能力超过1.2亿千瓦，跨区点对网送电能力0.3亿千瓦。县、乡、村、户的通电率达百分之百。供电可靠性进入高水平阶段，2019年中国平均供电可靠率为99.843%，年平均停电时间13.72小时/户，平均停电2.99次/户。其中，城市平均供电可靠率为99.946%，年平均停电时间4.5小时/户，平均停电1.08次/户；农村平均供电可靠率为99.800%，年平均停电时间17.03小时/户，平均停电3.67次/户。

五、非化石能源持续快速发展

非化石能源发展规模世界领先。党的十八大以来，补贴机制、保障消纳机制、审批流程等不断完善，促进可再生能源持续快速发展。2019年，全国非化石能源发电装机达到8.4亿千瓦，同比增长8.8%，占全部装机的42%，同比增加1.2个百分点。全国非化石能源发电量达 2.39 万亿千瓦时，占全部发电量比重为 32.7%。各类发电设备装机容量分别是：水电 3.58 亿千瓦（含抽水蓄能 3 029 万千瓦），占全部总装机容量的 17.8%，同比增长 1.55%；核电 4 874 万千瓦，占全部总装机容量的 2.4%，同比增长 9.1%；并网风电 2.09 亿千瓦，同比增长 13.5%；并网光伏发电 2.04 亿千瓦，同比增长 17.1%。全国发电装机总容量及水电、风电、光伏发电装机规模均居世界第一。

非化石能源发展政策持续完善。可再生能源市场化改革持续推进，市场准入制度初步建立，发电上网价格机制不断完善，以电力市场化交易、消纳责任分配、绿色证书交易等为重点的可再生能源消费促进机制逐步健全。2019 年，我国全面采取招标等竞争性方式配置风电和光伏资源，推进可再生能源成本和电价下降。风电通过全面竞争配置确定项目业主和上网电价。光伏发电则实施了除户用光伏、光伏扶贫项目外的全面竞价机制，按照补贴资金总量控制、地方组织竞争配置、全国统一排序确定光伏建设项目。在上网电价方面，2016 年以来国家陆续针对风电和光伏上网电价实施电价补贴退坡，根据 2019 年指导价，新增陆上风电、光伏发电的上网电价与燃煤发电电价加权相差分别约 0.1 元 / 千瓦时、0.14 元 / 千瓦时。考虑到陆上风电实施竞争配置，实际补贴水平还将降低。2019 年，光伏发电竞价项目的平均补贴水平为 0.065 元 / 千瓦时。根据业内对于技术进步和成本变化的预测，光伏发电有望在“十四五”初期进入上网侧全面平价阶段。在可再生能源消费市场化改革方面，2017 年我国启动了分布式发电市场化交易及试点工作，可再生能源逐步参与电力市场。2019 年全国跨区跨省市场以及各省区内市场已经建立较为完整的中长期市场规则体系，涵盖市场准入与退出、发用电侧直接交易、结算及信息披露等方面。省间电力市场中长期交易、现货交易和跨省调峰辅助服务交易全部投入运营。针对“三弃”（弃风、弃光、弃水）问题，开展清洁能源省间交易、替代交易、富余可再生能源现货交易等市场化交易，实现了弃电量和弃电率“双降”的目标。广州电力交易中心开发完善了多类型的电力交易品种。探索开展水火置换交易、发电合同权转让交易、双边合同互保交易等多种交易类型，形成了多周期、多品种的电力交易体系。

可再生能源消纳保障制度初步建立。为进一步促进可再生能源消纳，我国以《中华人民共和国可再生能源法》为依据，初步建立了可再生能源消纳责任权重制度。2019 年 5 月，国家发展改革委、国家能源局联合印发《关于建立健全可再生能源电力消纳保障机制的通知》（发改能源〔2019〕807 号）提出建立健全可再生能源电力消纳保障机制，明确对各省级行政区域设定可再生能源电力消纳责任权重，2020 年 1 月 1 日起正式考核，要求各市场主体的售电量（或用电量）均须达到所在省级行政区域的可再生能源电力消纳责任权重。实行消纳保障机制的目的就是促使各省级区域优先消纳可再生能源，同时要求市场主体公平承担消纳可再生能源电力责任，形成可再生能源电力消费引领的长效发展机制，促进清洁低碳、安全高效的能源体系建设。2017 年建立了绿色证书市场，作为自愿购买可再生能源电力的补充。为引导我国全社会消费绿色电力，完善风电、光伏补贴机制，拓宽可再生能源补贴资金来源渠道，2017 年国家发展改革委、国家能源局、财政部联合印发了《关于试行可再生能源绿色电力证书核发及自愿认购交易制度的通知》（发改能源〔2017〕132 号），自 2017 年 7 月 1 日起在全国范围内开展绿色电力证书核发和自愿认购。

六、能源基础设施网络不断完善

跨区输电能力大幅提升。党的十八大以来，特高压工程建设进一步加速，全国电力联网进一步加强，跨省跨区送电能力得到提升。截至 2019 年底，国家电网有限公司（以下简称“国家电网”）建成“十一交十一直”特高压交直流工程，中国南方电网有限责任公司（以下简称“南方电网”）建成“八交十直”18 条 500 千伏及以上西电东送通道，送电规模超过 5 000 万千瓦。2018 年 8 月，世界首个 ±500 千伏柔性直流电网示范工程在张北全面开工建设，该工程线路长度 666 千米、总换流容量 900 万千瓦，是世界上电压等级最高、输电容量最大的柔性直流输电工程，已于 2020 年 6 月全部建成投运。2018 年 12 月，世界最高电压 ±1 100 千伏特高压在新疆准东经济技术开发区辖区内的 ±1 100 千伏昌吉换流站第二个高端换流器成功解锁，标志着昌吉—古泉 ±1 100 千伏特高压直流输电工程双极全压送电成功，成为世界上电压等级最高、输送容量最大、输电距离最远、技术水平最先进的输电工程；2018 年 1 月，国家电网实施的“特高压 ±800 千伏直流输电工程”获得国家科学技术进步奖特等奖；2018 年 5 月，南方电网兴建的世界首条特高压多端混合直流示范工程乌东德电站送广东、广西特高压工程全面启动开工，全国首个远海岛屿智能微电网在海南三沙建成。

油气管网建设日益完善。在油气管网建设方面，截至 2018 年底，全国（三家石油企业）已建成原油管道 2.9 万千米，成品油管道 2.65 万千米，天然气长输管道 1.79 万千米。油气管道总里程 7.34 万千米。初步形成了横跨东西、纵贯南北、覆盖全国、连通海外的油气管网。近年来，我国油气企业以“一带一路”沿线国家为重点，全面稳步推进海外业务发展，与哈萨克斯坦、印度尼西亚、南苏丹、俄罗斯等国家在油气产能合作等方面形成了开放共赢的合作体系。2019 年，我国各类企业已在“一带一路”沿线的 20 多个国家开展和执行了 210 多个油气合作项目。我国油气企业正在成为“一带一路”倡议的先行者和骨干力量。在“一带一路”区域投资合作已超过 20 年，建成五大油气合作区、四大油气进口通道、2.5 亿吨油当量产能、3 000 万吨炼能的全产业链格局，为“一带一路”倡议奠定了重要基础。

第三节

能源效率稳步提升

党的十八大以来，各地区、各部门把节能和提高能效作为加快推进生态文明建设的重要抓手，建立能源消费总量和强度“双控”制度，发展壮大节能环保产业，深入开展全民节能行动，节能工作取得重要成就。

一、能效水平不断提升

单位 GDP 能源消费强度持续下降。党的十八大以来，通过鼓励节能技术、产业和模式不断创新发展，加强节能减排体制、机制、法制和能力建设，综合运用经济、法律等手段，切实推进工业、建筑、交通等重点领域节能减排，加快产业调整、淘汰落后产能、优化能源结构和推进节能型社会建设，我国能源利用效率实现跨越式进步。2019 年单位 GDP 能耗比 2012 年降低 24.6%，年均下降 4.0%，相当于节约能源约 12.7 亿吨标准煤。

工业用能效率不断提高。2017 年，规模以上工业单位增加值能耗比 2012 年累计降低 27.6%，年均下降 6.3%，按照单位工业增加值能耗计算，规模以上工业五年累计节能约 9.2 亿吨标准煤，占全社会节能量的近 90%。2017 年与 2012 年相比，六大高耗能行业单位增加值能耗累计降低 23.2%，年均下降 5.2%。其中，石油、煤炭及其他燃料加工业累计降低 15.7%，年均下降 3.4%；化学原料和化学制品制造业累计降低 23.3%，年均下降 5.2%；非金属矿物制品业累计降低 33.0%，年均下降 7.7%；黑色金属冶炼和压延加工业累计降低 15.4%，年均下降 3.3%；有色金属冶炼和压延加工业累计降低 11.9%，年均下降 2.5%；电力、热力生产和供应业累计降低 17.8%，年均下降 3.8%。六大高耗能行业五年累计节能约 6.8 亿吨标准煤，占全社会节能量的 65% 以上。2017 年与 2012 年相比，在统计的年耗能 1 万吨标准煤及以上的重点耗能工业企业中，吨钢综合能耗下降 5.3%，机制纸及纸板综合能耗下降 11.0%，烧碱综合能耗下降 12.6%，电石综合能耗下降 2.4%，合成氨综合能耗下降 5.7%，水泥综合能耗下降 4.5%，平板玻璃综合能耗下降 9.1%，电厂火力发电标准煤耗下降 3.9%。燃煤发电、电解铝、水泥等能耗水平进入世界先进行列。

推进建筑和交通领域节能。节能建筑全面推广，绿色建筑技术取得长足进步。北京、天津、江苏、浙江等地已在城镇新建建筑中全面执行绿色建筑标准，全国城镇累计建设绿色建筑面积超过32 亿平方米，2018 年城镇新建建筑中执行绿色建筑标准的比例达到 56%，提前完成“十三五”规划目标。全国绿色建筑评价标识项目累计超过 13 000 个，建筑面积达到 13.9 亿平方米。全国城镇累计建成节能建筑面积达到 182 亿平方米。全国城镇累计完成既有居住建筑供热计量及节能改造面积超过 14 亿平方米，累计完成公共建筑节能改造面积超过 2.1 亿平方米。大力推动新能源汽车产业发展，实施《乘用车企业平均燃料消耗量与新能源汽车积分并行管理办法》，新能源汽车保有量占世界一半以上。电动汽车充电基础设施加快发展，现已形成全球最大规模的充电设施网络。据初步统计，截至 2019 年底，全国各类充电桩保有量达 122 万个，其中公共充电桩达到全球最多的 52 万个，私人专属充电桩 70 万个；居民小区内 8.5 万个，占比 16%；形成“十纵十横两环”的高速路充电网络，在较好满足当前需求的同时，为电动汽车快速发展奠定了良好基础。2019 年新能源汽车充电电量达到 80 亿千瓦时。

二、排放水平显著下降

支撑污染防治攻坚战和应对气候变化取得明显成效。党的十八大以来，通过节能提高能效，推动重点地区煤炭消费减量替代，减少二氧化硫、氮氧化物排放近千万吨，减排二氧化碳超过 27 亿吨，对从源头上降低污染物排放负荷和碳排放强度发挥了关键作用。节能提高能效不仅节约了末端治理的大量投资，而且促进了节能环保等产业发展，为绿色低碳转型奠定了重要的产业和技术支撑。

单位 GDP 二氧化碳排放强度持续下降。“十二五”期间累计下降 20%，超额完成下降 17% 的约束性目标；2019 年同比下降 4%，相比 2005 年降低 48.1%。可再生能源减排效果显著，仅以全国非化石能源发电 2019 年发电量 2.39 万亿千瓦时计算，与煤电相比减少二氧化碳排放超过 20 亿吨。

电力行业绿色发展水平显著提升。2019 年全国电力烟尘、二氧化硫、氮氧化物排放量分别约为 18 万吨、89 万吨、93 万吨，分别比 2012 年下降约 88%、90%、89%；单位火电发电量烟尘、二氧化硫、氮氧化物排放分别达 0.038 克 / 千瓦时、0.187 克 / 千瓦时、0.195 克 / 千瓦时，分别比 2012 年下降 96.7%、99.5%、99.6%。单位火电发电量废水排放为 54 克 / 千瓦时，比 2012 年下降 55%。截至 2019 年底，达到超低排放限值的煤电机组约 8.9 亿千瓦，约占全国煤电总装机容量的 86%。

第四节

能源先进科技装备广泛应用

科技决定能源的未来。能源技术创新在能源革命中起着决定性作用，只有把核心技术掌握在自己手中，才能真正掌握竞争和发展的主动权。党的十八大以来，作为世界第一能源生产和消费大国，我国能源技术创新能力大幅提升，实现了从跟随模仿到并行引领的巨大转变，走上了动力转换、创新发展的新道路。

一、煤炭领域科技装备成就

煤炭科技实现从“并跑”到部分“领跑”。煤炭科技由改革开放初期部分引进、全面引进，到消化吸收再创新，逐步从“跟跑”向“并跑”和部分领域“领跑”转变。煤炭绿色开采和高效利用快速发展，年产千万吨级综合开采成套设备、年产 2 000 万吨级大型露天矿成套设备实现国产化，智能工作面技术达到国际先进水平。煤制清洁燃料和化学品技术、低阶煤分级分质利用得到快速发展，煤炭气化、液化等已实现产业化。大型煤炭企事业单位普遍建立了煤炭科技创新研究中心。近年来，有近百项煤炭科研成果获得国家科技进步奖或技术发明奖，有 3 500 多项科研成果获得行业科技进步奖，有力地推动了煤炭行业科技创新。煤炭技术装备自主研发能力显著提高，采煤机、液压支架、运输机、大型液压挖掘机和千万吨级选煤厂和 3 000 万吨级群矿选煤技术装备全部实现了国产化，并处于世界领先水平。煤炭转化迈出新步伐，百万吨直接液化、间接液化示范项目建成投产并稳定运行，煤制油、煤制烯烃、煤制天然气、煤制乙二醇产能产量初具规模。煤炭科技进步不仅提高了煤炭生产效率，而且极大提高了煤炭安全生产保障能力，2019 年煤矿百万吨死亡率下降到 0.083。

煤机装备创新实现从吸收跟随到自主创新。改革开放以来，煤机装备制造企业生产经营规模实现了跨越式增长，实现了从装备的绝对短缺到相对宽松的巨大转变。煤机装备制造迈向高端和智能。党的十八大以来，国家作出了要“大力振兴装备制造业”的重大决策，并先后出台《关于深化“互联网 + 先进制造业”发展工业互联网的指导意见》（国发〔2017〕50 号）、《关于加快煤矿智能化发展的指导意见》（发改能源〔2020〕283 号）等文件，为进一步发展我国煤机装备高端制造和智能制造、加强自主创新和提质增效指明了发展方向，创造了良好的政策环境。煤机装备制造科技创新能力持续增强，实现了从手工作业、半机械化向机械化、自动化、信息化和智能化的巨大转变。煤机与自动控制、电子信息化、工业互联网、大数据、人工智能等技术深度融合；高端液压支架及其电液控制系统、8 米以上超大采高采煤机、2 000 万吨级智能刮板运输机等重大高端装备应用实现了国产化；航天炉、晋华炉、神宁炉等现代煤化工设备取得积极进展；大型盾构机、智能化综采工作面成套装备、智能化大功率变频刮板输送机、千米钻机、深部（千米）凿井及竖井钻机技术与装备、年产千万吨级矿井大型提升容器、大型高效全自动压滤机、智能化煤炭定量快速装车系统等装备制造水平达到世界领先水平；记忆切割、远程控制、故障诊断等技术趋于成熟，自动化、可视化开采水平逐步提高。

煤炭开发利用节能环保技术不断发展。建成了全球最大的清洁煤电体系，大气污染物排放指标跃居世界先进水平；超超临界机组实现自主开发，大型循环流化床发电、大型整体煤气化联合循环发电（IGCC）、大型褐煤锅炉已具备自主开发能力。超超临界火电技术广泛应用，投运机组数量位居世界首位，大型整体煤气化联合循环发电、二氧化碳封存工程示范和 700 摄氏度超超临界燃煤发电技术攻关顺利推进。我国工业用能整体技术水平得到提高，开发了一系列高效锅炉，节能新工艺的开发和推广进展迅速，大型节能设备在钢铁、建材、石化等行业获得了广泛应用，余热、余压、尾气等余能回收技术逐步得到采用。如钢铁行业中的干法熄焦技术、高炉煤气余压透平发电技术，建材行业中的新型干法窑外分解技术、水泥窑纯低温余热发电技术，石化等行业中的催化裂化装置余热回收技术、高温水源热泵技术等。我国已掌握了大型火电机组湿式石灰石－石膏法脱硫技术，形成了烟气循环流化床、海水脱硫法、脱硫除尘一体化、半干法、活性焦吸附法等十多种烟气脱硫工艺技术。国内已自主开发了低氮氧化物燃烧、烟气脱氮、燃煤机组除尘、灰渣综合利用和电厂废水回用技术。煤矸石、瓦斯回收与利用等资源综合利用技术得到广泛推广，煤矿区生态环境和水资源保护、废弃物和采煤沉陷区治理等综合治理技术也取得重要进展。

二、油气领域科技装备成就

陆地油气勘探开发。石油勘探方面，创新发展了石油地质理论与先进勘探技术，形成了坳陷湖盆大油区成藏理论、岩性地层油气藏勘探配套技术、海相碳酸盐岩缝洞型油田勘探技术和成熟探区精细勘探关键配套技术，推动了鄂尔多斯湖盆中心岩性地层大油区、准噶尔盆地玛湖凹陷砂砾岩大油田、塔里木盆地哈拉哈塘与顺北等大油田、渤海湾与松辽等高勘探程度盆地油气勘探，支持了我国石油地质储量年均新增探明 10 亿吨以上。石油开发方面，形成了国际领先的高含水提高采收率、先进的低渗透和稠油开发技术，发展了国际领先的挖潜、二类储层聚驱、三元复合驱等高含水油田提高采收率技术，以及低渗透、中深层稠油、海相碳酸盐岩油气藏等开发重大技术，支撑了“西部、海上、海外、新疆”四大油气生产区建设，确保了我国石油产量长期稳步发展。天然气勘探开发方面，创新形成了海相碳酸盐岩、前陆冲断带、低渗透—致密等领域天然气聚集理论和勘探开发重大技术，发现了安岳、川西、克深等5个千亿立方米至万亿立方米级大气田，推动了安岳、普光、元坝、克深、徐深等复杂气田开发，实现了天然气产量跨越式发展，产量从2007年的698亿立方米上升至2018年的1 585亿立方米，增长一倍以上。

海洋油气勘探开发。建立全球油气资源评价方法和信息系统，实现了国内成熟技术到全球的集成应用和特色技术创新的跨越，重油、高凝油等特殊类型油气藏高效开发技术取得重大进展，形成了以海洋石油981为代表的5型6船的深水作业“联合舰队”，初步实现了我国海洋深水工程技术装备自主化发展，实现了1 500米水深的荔湾3–1气田的成功开发。我国近海油气勘探与开发能力整体达到国际先进水平，海上稠油开发处于国际领先水平，为维护我国海洋权益和实施国家海洋战略作出了重大贡献。

非常规油气勘探开发。页岩气、煤层气、致密油气等领域勘探开发技术取得重大突破，基本形成海相页岩气评价选区、“甜点”地球物理预测与地质评价技术、水平井钻完井和体积压裂四项关键技术，以及适用于中高煤阶煤层气勘探开发配套技术，页岩气勘探开发等技术实现重大突破，一大批代表国际先进水平的重大工程建成投产。初步掌握浅层海相页岩气成套开发技术和致密油开发关键技术，高煤阶煤层气勘探开发技术基本成熟，3 000 米深水半潜式钻井船等装备实现自主化。非常规和难开采油气勘探开发应用总体上达到国际先进水平，基本形成适合我国陆相储层的有效致密气勘探开发技术，引领非常规油气开发新兴产业蓬勃发展，非常规天然气已成为我国天然气产量的重要组成部分，2018 年非常规天然气产量突破百亿立方米大关达到 109 亿立方米。

油气领域重大装备。我国石油工业上游工程技术装备研发取得重大突破，地球物理、测井、压裂、钻完井装备及软件等常规石油工程装备基本实现自主化，一批高端技术装备打破国外垄断，结束了长期依赖进口的历史。重磁电处理解释系统 GeoGME 3.0 等地球物理大型软件步入国际一流行列，并逐步进入抢占国际市场，促进石油装备产业和工程技术服务产业发展。2015 年 7 月，油气管道控制系统软件 PCS（Pipeline Control System）V1.0 顺利通过验收，打破了国外在油气管道监控与数字采集（SCADA）技术领域的垄断，标志着在 SCADA 系统软件国产化方面取得重大进展。2019 年底投产的中俄天然气东线国内段作为中国第一条第三代管道，以“全数字化移交、全生命周期管理、全智能化运营”为目标，借助“移动端 + 云计算 + 大数据”和“互联网 + 机组”的“智慧工地”建设，整合数据信息，独创了从监理到承包商再到业主共享的全生命周期信息系统的智能综合应用软件平台。

在长输油气管道装备方面，主干线管道离心压缩机、大口径球阀已经实现完全国产化。2011 年，国产化第一台长输管线压缩机组（H1156）整机试验多变效率高达 87.7%，设计工况下运行试验效率达到 86.2%，结束了同类机组全部依赖进口的历史。管道用大口径 X80 钢管（1 422 毫米管径）、海洋 981 钻井平台、海上浮式生产储油系统（百万吨级）等已达到国际领先水平。千万吨级炼油装置设备国产化率达到 90% 以上，百万吨级乙烯装置设备国产化率也已达到 85% 以上。

» 专栏 3-1

石油科技创新成绩

2000—2017 年，以三家国有石油公司为代表的中国石油行业共获得国家科技进步和国家发明奖 233 项。新中国成立以来仅中石油一家就获得各类国家级科技奖 617 项，省部级以上科技奖 5 000 项，中石油的科技进步贡献率已达 52% 以上。我国石油工业的科学技术水平整体跻身世界前列。在油气勘探开采设备方面，宝鸡石油机械有限责任公司生产的 4 400 千瓦特深井交流变频电驱动石油钻机可达 1.2 万米井深，是全球最先进的特深井陆地钻机；

四川宏华石油设备有限公司生产的泥浆泵整机重量只有美国同类产品的一半；大中型钻井机械、抽油机、修井机等大型设备国产化率达90%以上。2019年2月，中石化西北油田以完钻井深8 588米，创下亚洲陆上最深油井纪录。

三、可再生能源领域科技装备成就

可再生能源技术装备水平显著提升，关键零部件基本实现国产化，光伏发电、风电等产业化技术和关键设备与世界发展同步，相关新增专利数量居于国际前列，并构建了具有国际先进水平的完整产业链。中国已成为世界第一大风电和光伏发电设备生产国，国际竞争力大幅度提升。可再生能源相关产业作为战略性新兴产业，已经成为新疆、内蒙古、甘肃等风、光资源大省（区）的支柱性产业，在优化当地经济结构、贡献财政收入以及创造就业机会等方面发挥了重要作用。

风电技术装备。陆上风电技术达到世界先进水平，海上风电技术攻关及示范有序推进。从叶片到塔架，从齿轮箱到发电机，中国已成为全球最大的风电零部件制造供应链基地。中国风电产业链的完整性、系统性得到全世界的公认。随着风电产业链的成熟和装备国产化的实现，有力推动了风电在中国的规模化发展。近年来，作为全球首个国际化大功率海上风电试验场，三峡福清兴化湾海上风电样机试验风场创造了我国海上风电机型最多、机型最新、单机最大的纪录，中国海上风电产业链也逐步走向完善。近年来，中国风电行业在国际上创新提出了“低风速”概念，主动向中东部和南方等接近负荷中心的地区进行产业布局。中国低风速开发正引领世界风电向着更长叶片、更高塔架、定制化设计、全生命周期的技术挖掘与优化整合方向发展。我国在风电设备制造、质量保证体系、安装运营、维护管理以及检测诊断等诸多方面通过完善标准，成功解决了卡住中国风电发展的技术瓶颈，推动了中国由风电大国向风电强国的转变（见图 3–7）。受益于庞大的中国风电市场，中国风电整机商也随之崛起。2019 年，在全球前十大整机商中，中国企业已占据四席。

图 3–7　华能如东八仙角 30 万千瓦风电场

图片来源：袁飞。

光伏发电技术装备。光伏发电实现规模化发展，光伏产业已成为我国可全面参与国际竞争并具有领先优势的产业。从2013年开始，国内光伏制造市场大规模启动，已形成完备的光伏产品生产制造全产业链，硅料、硅片、电池片、组件四个主要生产环节产量均连续多年位居全球第一。我国光伏电池产业化量产技术水平已处于世界领先地位，2019年国内企业电池片转换效率打破9次世界纪录。新型高效电池技术（PERC、异质结、IBC、N型PERT等）与高效组件技术（叠瓦、半片、MWT、双面组件等）均得到快速发展，产业化水平不断提高，部分技术已具备一定规模化生产能力及较强的国际竞争力。2019年，我国多晶硅料、硅片、电池片、组件的产量分别达到34.2万吨、134.7百万千瓦、110百万千瓦和98.6百万千瓦，产量占全球总产量比例分别达到67.3%、97.4%、78.7%和71.3%，处于世界领先地位。除个别高效电池生产用PECVD设备、硼扩散设备等设备外，多晶硅硅片、电池片、组件各环节主要设备已基本实现国产化。据PVinfolink统计数据显示，2018年，全球主要组件生产商出货量达到95百万千瓦。在出货排名前10位的企业中，中国光伏企业占据9席，中国组件企业的出货量占全球总出货量的70%左右。2018年我国生产的多晶硅、硅片、电池片、组件、逆变器，在全球占比分别达到58.1%、93.1%、74.8%、72.8%和62%。这是光伏制造大国"光照全球"的真实写照。

水电技术装备。2003年以来，随着三峡水电站建成，我国水电建设进入快速发展期。新增水电装机超过2亿千瓦，其中大中型水电站超过1.5亿千瓦，建成了世界最高混凝土双曲拱坝锦屏一级水电站，深埋式长隧洞锦屏二级水电站，装机规模世界第三的溪洛渡水电站，复杂地质条件的大岗山水电站。一批高水平水坝工程相继建成投产，坝工技术取得多项重大突破。200米级、300米级高坝等技术指标刷新行业纪录，攻克了世界领先的复杂地质条件下300米级特高拱坝技术，已建的锦屏一级双曲拱坝、在建的双江口心墙堆石坝位列同类坝之冠，三峡、龙滩等混凝土重力坝，小湾等混凝土双曲拱坝，糯扎渡、瀑布沟等土石坝等均具备世界一流水平；水工建筑物抗震防震、复杂基础处理、高边坡治理等多个领域的技术水平国际领先；地下工程技术日趋成熟，设计理论和方法不断发展，解决了超高心墙堆石坝采用掺砾石土料和软岩堆石料筑坝、35米跨度地下厂房洞室群、深埋长引水隧洞群、砂石料长距离皮带输送系统等技术难题。常规水电机组制造能力不断提高，并保持世界领先。自主制造了单机容量80万千瓦混流式水轮发电机组，在建的白鹤滩水电站拥有世界单机容量最大（100万千瓦）的混流式水轮发电机组；制造并安装了500米级水头、单机容量35万千瓦抽水蓄能机组成套设备，在建的阳江抽水蓄能电站预计将拥有自主化设计制造的40万千瓦级、700米级超高水头超大容量抽水蓄能机组，并形成了具有自主知识产权的核心技术。

可以说，我国清洁能源装备制造已经成为全球产业链举足轻重的环节。技术能力上，我国清洁能源技术也逐渐从弱到强，从跟随到领先，成为全球技术创新领头羊。

四、核电领域科技装备成就

核电产业体系日趋完善。新建核电机组综合国产化率超过85%。核电建设完成了从第二代到第三代的转变，三代核电技术研发和应用走在世界前列，AP1000和EPR三代核电技术率先在中国建成发电，自主三代核电技术“华龙一号”和“国和一号”示范工程建设进展顺利。四代核电技术、模块化小型堆技术、海洋浮动堆技术、先进核燃料循环技术取得突破，可控核聚变技术得到持续发展。快中子堆商业示范工程、全球首座高温气冷堆商业示范工程开工建设，将在世界上首次实现第四代核电技术的商业应用。核级数字化仪控系统、先进核燃料、核电关键装备等实现自主化。

核电建设规模和生产运行水平全球领先。在核电生产运行方面，2019年运行核电机组达到47台，总装机容量4 876万千瓦，位列全球第三。2019年核能发电量为3 481亿千瓦时，约占全国累计发电量的4.88%。全国核电平均利用小时数为7 346小时，核电设备平均利用率为83.86%。与燃煤发电相比，核能发电相当于减少燃烧标准煤10 688万吨，减少排放二氧化碳28 001万吨，减少排放二氧化硫91万吨，减少排放氮氧化物79万吨。各运行核电厂严格控制机组的运行风险，继续保持安全、稳定运行，未发生 2 级及 2 级以上的运行事件，主要运行技术指标保持国际前列。与世界核电运营者协会（WANO）规定的性能指标对照，在全球 400 多台运行机组中，我国 83.74% 的运行机组指标优于中值，72.52% 达到先进值。在核电工程建设方面，2019 年在建核电工程整体上稳步推进，各在建核电项目安全、质量、技术、环境保护等方面均得到有效控制。在建核电机组 13 台，总装机容量 1 387 万千瓦，在建机组装机容量继续保持全球第一。

五、电网领域科技装备成就

大容量远距离智能化电网技术处于世界领先水平。建成了全球规模最大的电网，安全运行水平、供电可靠性位居世界前列；电网的总体装备和运维水平处于国际前列。电网技术与信息技术的融合不断深化，特高压输电技术处于引领地位，掌握了 1 000 千伏特高压交流和 ±800 千伏特高压直流输电关键技术。已建成多个柔性直流输电工程，智能变电站全面推广，电动汽车、分布式电源的灵活接入取得重要进展，电力电子器件、储能技术、超导输电获得长足进步。特高压交流、直流成套设备达到世界领先水平。2010 年建成投运两条 ±800 千伏特高压直流输电线路（云南—广东特高压直流输电工程和向家坝—上海特高压直流输电示范工程），2018 年建成世界电压等级最高、送电距离最远的准东—皖南 ±1 100 千伏特高压直流输电工程。已于 2018 年 11 月开工建设的青海海南—河南驻马店 ±800 千伏特高压直流输电工程，将是全国乃至全世界第一条专为清洁能源外送而建设的特高压直流输电通道。特高压直流输电工程对推动能源转型与绿色发展、保障电力供应、拉动经济增长等具有显著的综合效益和长远的战略意义。

第五节

能源关键领域改革持续深化

推进能源领域关键环节改革，核心是充分发挥市场配置资源的决定性作用和更好发挥政府作用。党的十八大以来，能源体制改革持续深入推进，电力体制、油气体制改革完成顶层设计并稳步实施，价格改革全面展开，“放管服”改革取得阶段性成效。

一、电力体制改革迈出实质性步伐

2015 年 3 月，中共中央、国务院印发的《关于进一步深化电力体制改革的若干意见》（中发〔2015〕9 号）作出了电力体制改革顶层设计，描绘了新一轮电力体制改革蓝图，新一轮电力体制改革在全国范围内快速铺开，迈出实质性步伐。

政策体系不断完善。自新一轮电力体制改革启动至今，国务院有关部门发布了一系列电力体制改革相关文件，涵盖电力价格、电力市场、增量配电改革、清洁能源发展等多个方面，各地区因地制宜配套制定了电力相关的地方性政策文件，改革政策体系逐步完善。输配电价改革政策已初步形成覆盖区域电网、跨省跨区专项输电工程、省级电网、地方及增量配网等相对完整的体系；电力市场建设政策要求有序放开经营性电力用户发用电计划，进一步推动电力交易机构独立规范运行，逐步构建完善“中长期+现货+辅助服务”的市场体系；清洁能源发展政策从政府与市场维度促进清洁能源消纳，推动清洁能源有序发展。

交易机构实现全覆盖，市场主体培育壮大。北京、广州两个区域电力交易中心以及33个省级电力交易中心陆续成立。截至2018年底，在全国各电力交易机构注册的市场主体超过10万家。市场主体多元化格局初步形成，市场主体参与数量和范围不断扩大。其中注册发电厂约3万家，各省级交易区基本都放开统调火电准入，部分省区已放开水电、新能源、核电进入市场；全国注册售电公司超过4 000家，新组建公司数量稳步增长；全国注册电力用户超过6.7万家，随着经营性电力用户准入放开，大量中小工商业用户将进入市场交易。

电力交易体系逐步完善。经过几年的探索发展，中长期电力市场已形成年度双边交易、月度双边交易、月度集中竞价交易、挂牌交易、合同电量转让交易等多种交易方式。现货试点有序推进，截至2019年6月，南方、蒙西、浙江、山西、山东、福建、四川、甘肃8个电力现货试点地区，全部进入模拟试运行，并尝试开展连续结算试运行，12月，全部进入结算运行。预计在2020年9月底前，全部开展整月结算试运行。

市场化竞争格局初步形成。清洁能源的市场化交易电量规模不断扩大。2019年6月，国家发展改革委印发《关于全面放开经营性电力用户发用电计划的通知》（发改运行〔2019〕1105号），在煤炭、钢铁、有色、建材4个重点行业试点全面放开发用电计划的基础上，明确要求除居民、农业、重要公用事业和公益性服务等行业电力用户之外的经营性电力用户全面放开。2019年，全国完成电力市场化交易电量达2.71万亿千瓦时，同比增长31.6%，占全社会用电量的37.5%，占经营性行业用电量的58.3%。电力直接交易电量平均降价幅度0.036元/千瓦时，减轻企业用电负担约790亿元。

二、油气体制改革稳步推进

2017年4月中共中央、国务院印发《关于深化石油天然气体制改革的若干意见》（中发〔2017〕15号）以来，针对石油天然气体制存在的深层次矛盾和问题，着力深化油气勘查开采、进出口管理、管网运营、生产加工、产品定价体制改革和国有油气企业改革，油气管网等基础设施独立、矿业权竞争性出让、放开外商外资准入、放宽原油进口、油气市场化定价等关键举措相继落地，石油天然气体制机制改革深入推进。

油气管网体制改革有序推进。实施石油天然气管网运营机制改革，是推动形成上游油气资源多主体多渠道供应、中间统一管网高效集输、下游销售市场充分竞争的“X+1+X”油气市场体系的关键所在。为推进油气管网运营机制改革，实现管输和销售分开，2019年3月，中央全面深化改革委员会第七次会议审议通过了《石油天然气管网运营机制改革实施意见》，明确要求组建国有资本控股、投资主体多元化的石油天然气管网公司。2019年5月，《油气管网设施公平开放监督办法》（发改能源规〔2019〕916号）正式出台，明确了公平开放的制度基础、基本原则、解决方案和监管措施，提出鼓励和支持油气管网设施互联互通和公平接入，逐步实现油气资源在不同管网设施间的灵活调配。2019年12月9日，国家石油天然气管网集团有限公司正式成立，油气体制改革取得突破性进展。

油气勘查开采管理体制改革不断深化。为推进油气矿业权管理体制改革，国土资源部继2011年、2012年分别组织了两轮全国页岩气探矿权招标出让，迈出了油气上游市场化改革第一步后，又分别于2015年、2017年在新疆维吾尔自治区进行了两轮常规油气区块公开招标和挂牌、贵州正安页岩气区块探矿权拍卖、山西煤层气勘查区块招标出让等试点，允许包括民营企业在内的社会资本进入油气勘查开采领域，开展了放开油气勘查开采主体准入限制的探索。2019年12月，自然资源部印发《关于推进矿产资源管理改革若干事项的意见（试行）》（自然资规〔2019〕7号），明确了在全国范围内开展油气探矿权竞争出让试点，全面开放油气勘查开采市场，符合条件的民营企业、外资企业均可按规定取得油气矿业权。

油气进出口管理和外资限制进一步放开。为保障油气供应和提升市场风险防范能力，2015年，国家向地方炼厂放开了原油进口权和原油进口使用权。2018年3月，商务部发布《中国（浙江）自贸试验区企业申请原油非国营贸易进口资格条件和程序》（商务部公告2018年第25号），非国营贸易企业第一次获得原油进口权。2019年，原油非国营贸易进口允许量为2.02亿吨，占当年原油进口总量的40%。2018年6月，国家发展改革委、商务部发布了《外商投资准入特别管理措施（负面清单）（2018年版）》（发展改革委、商务部令2018年第18号），取消外资连锁加油站超过30家需中方控股的限制，2019年6月又取消了油气上游勘探开发以及城市燃气领域外资进入限制，这是与油气行业相关的最后两项限制性规定，标志着我国油气行业全面对外开放。

天然气产供储销体系建设有力推进。2018年，国家发展改革委、国家能源局印发《关于加快储气设施建设和完善储气调峰辅助服务市场机制的意见》（发改能源规〔2018〕637号），加快补足储气能力短板，明确了各方共同承担储气能力建设的责任，提出了“地方政府3天日均用气量、城燃企业年用气量5%、供气企业年销售量10%”的储气规模要求。国务院印发了《关于促进天然气协调稳定发展的若干意见》（国发〔2018〕31号），系统提出促进天然气协调稳定发展的政策措施。2020年国家发展改革委印发《关于加快推进天然气储备能力建设的实施意见》（发改价格〔2020〕567号），进一步聚焦解决储气能力建设和运营中统筹规划不足、行业标准不够完善、储气价值没有充分体现等问题。

三、能源价格改革蹄疾步稳

推进电力价格改革。一是“放开两头”，有序放开发电侧和售电侧竞争性环节电价。发电侧，深化燃煤发电价格形成机制改革，将标杆上网电价机制改为“基准价+上下浮动”的市场化价格机制，让煤电价格联动机制走进历史。平稳推进光伏发电、风电上网电价市场化改革，逐步实施价格退坡机制，将标杆上网电价改为指导价，通过竞争性招标方式确定新建项目上网电价。推动跨省跨区送电价格市场化，由送受电双方按照“风险共担、利益共享”原则协商或通过市场化方式形成价格。售电侧，全面放开经营性电力用户发用电计划，有序推动工商业用户参与电力市场交易，通过市场化方式形成用电价格。二是“管住中间”，加快健全输配电价监管体系。2015年启动输配电价改革试点，2016年实现全覆盖，先后出台定价成本监审办法、省级电网定价办法、区域电网定价办法、专项工程定价办法、地方电网和增量配电网配电定价指导意见，初步建立起以“准许成本+合理收益”为核心的输配电价监管制度框架。2019年，修订成本监审办法、省级电网和区域电网定价办法，同时开展32个省级电网、5个区域电网第二监管周期输配电价核定，标志着我国输配电价监管迈上新台阶。三是发挥“杠杆作用”，创新完善促进绿色发展的电价机制。加大差别电价、阶梯电价政策实施力度，促进节能减排，倒逼产能过剩行业结构优化调整。完善峰谷分时电价，发挥价格信号作用，引导电力削峰填谷、促进储能发展。完善环保电价支持政策。建立北方地区清洁供暖电价机制，保障北方地区群众清洁取暖需求。

推进石油价格改革。2013年3月，抓住国际油价震荡下跌、国内居民消费价格指数（CPI）运行相对平稳的有利时机，进一步完善成品油价格机制。核心内容是缩短调价周期，将汽油、柴油价格调整周期由22个工作日缩短至10个工作日，同时取消了国际市场油价波动4%才能调价的幅度限制。新的成品油价格机制赢得国内外媒体广泛赞誉，被认为是成品油价格走向市场化的关键一步，打响了政府实质性推进资源性产品价格市场化改革的“第一枪”，是能源产业改革的重要里程碑。改革后成品油价格机制化调整成为常态，效果明显。2014年下半年以来，世界石油市场格局发生了深刻变化，国际市场油价从每桶110美元快速跌至40美元以下。2016年初，国家再次完善国内成品油价格机制，并进一步推进市场化改革。一是设定成品油价格调控下限。当国内成品油价格挂靠的国际市场原油价格低于每桶40美元时，国内成品油价格不再下调。二是建立油价调控风险准备金。主要用于节能减排、提升油品质量及保障石油供应安全等方面。同时放开液化石油气价格，简化成品油调价操作方式，国家不再发文调价，改为信息稿形式公布调价信息。

推进天然气价格改革。基本思路是稳步放“两头”、精细管“中间”。在供需两侧通过先易后难的推进方式，采取“先非居民后居民”“先试点后推广”“先增量后存量”“边理顺边放开”的实施步骤，又快又稳推进改革。2011年底，在广东、广西开展天然气价格形成机制改革试点。2013年6月，在总结广东、广西试点经验基础上，在全国范围内推广天然气价格形成新机制。2013年放开页岩气、煤层气、煤制气等非常规天然气出厂价格以及液化天然气气源价格；2015年4月，全面理顺非居民用气价格，放开除化肥企业外的直供用户用气价格；2015年11月，非居民用气改为基准门站价格管理，进一步增加价格弹性；2016年，先后放开化肥用气价格，明确储气设施相关价格由市场决定，并在福建省开展门站价格市场化改革试点；2017年，明确所有进入交易平台公开交易的气量价格由市场交易形成；2018年，理顺居民用气价格。在天然气输送环节，2016年10月，印发《天然气管道运输价格管理办法（试行）》和《天然气管道运输定价成本监审办法（试行）》（发改价格规〔2016〕2142号），建立起科学完善的管道运输价格监管制度。核心内容是遵循“准许成本＋合理收益”的原则，对价格监管的范畴、对象，价格管理的方法、程序，以及部分核心指标作出细致规定。要求管道运输业务单独核算，成本单独归集，明确了构成定价成本主要指标的核定标准。此外，要求企业主动公开成本信息，强化社会监督；定价部门公开成本监审结论和定价依据，提高价格监管透明度。2017年，国家发展改革委组织12个成本监审组对13家天然气长输管道运输企业按照统一方法、统一原则、统一标准进行了成本监审，剔除13家企业无效资产185亿元，核减比例7%；核减不应计入定价成本总额46亿元，核减比例16%。

四、能源领域“放管服”改革取得阶段性成效

深入推进简政放权。按照中共中央、国务院“放管服”改革的具体任务和基本要求，积极推进行政审批事项的下放、取消和清理工作，在下放事项数量和质量层面进展显著。分批次取消下放了一批含金量高、社会关注度集中的行政审批事项，取消了电力、煤炭、油气企业发展建设规划和专项发展建设规划审批，规模以上新油气田开发项目核准，电力用户向发电企业直接购电试点，电力市场份额核定，核电厂场内核事故应急计划审批等行政审批事项，下放了所有的火电站、热电站、抽水蓄能、风电站、新建炼油及扩建一次炼油及变性燃料乙醇项目，以及部分进口液化天然气接收和储运设施、电网、水电站、煤炭开发项目核准等行政审批事项。2020年《国家能源局关于贯彻落实“放管服”改革精神 优化电力业务许可管理有关事项的通知》（国能发资质〔2020〕22号，以下简称《通知》）明确继续对分布式发电、可再生能源发电等项目实施电力

业务许可豁免、简化政策，将余气发电、煤矿瓦斯发电等资源综合利用项目纳入豁免、简化范围；对于自备电厂的许可管理，《通知》明确将“并网运行的非燃煤自备电站，以及所发电量全部自用不上网交易的自备电站”纳入豁免范围。为减轻企业经营负担、切实将豁免政策惠及企业，《通知》还要求派出机构采取公示的方式主动注销豁免范围内企业的电力业务许可证。能源领域“放管服”改革真减真放了一大批行政审批事项，市场竞争活力逐步得到改善。

持续提升监管效能。在“放管服”改革中，打出监管的组合拳，做足监管的加法，能源管理从原来的以行政计划和项目审批为主，向更加注重发挥能源战略、规划、政策和标准的引领作用转变，向更加重视事中事后监管转变，初步探索建立了规划、政策、规则、监管“四位一体”的能源管理新机制。2016 年底，作为贯彻落实中央财经领导小组第六次会议和国家能源委员会第二次会议精神的重要举措，《能源生产和消费革命战略（2016—2030）》印发实施。这是我国能源领域首个综合性中长期发展规划，也是我国首次对外发布的国家能源战略。在此前后，由总体规划和专项规划组成的“1+14”系列能源发展“十三五”规划陆续出台，形成了近年来最为完整的能源规划体系，立体式、多层次实现了综合性与专业性、长期性与中期性、全局性与地区性相结合。能源主管部门及时制定出台“双随机、一公开”实施细则，规范运行机制，动态调整业务流程，公正文明执法，强化监管效能，优化营商环境。

全面提升政府服务效率。坚持以人民为中心的发展思想，不断增加公共服务和公共产品的供给，加快向服务型政府转型。积极搭建政府服务平台，创建“一网一微一系统”和12398能源监管热线，实现能源主管部门与基层百姓需求信息的实时对接，优化服务流程、拓宽服务渠道。全面清理不合理证明，简化办事手续，减轻企业负担，2015年以来，国家能源局派出机构和直属事业单位共取消11项不合理证明，切实降低了市场主体的运营成本。推进“保留项目”标准化服务和规范审批行为，从行政许可事项管理、流程管理、许可服务、场所建设与管理、监督检查评价五个方面推行标准化服务，规范行政审批行为，全面实行“一个窗口”受理和办理时限承诺制等。通过搭建平台、规范审批、标准化服务等举措提升了企业和群众的获得感。

第六节

能源合作水平稳步提高

加强能源宽领域、多层次、全产业链合作，打造能源合作的利益共同体和命运共同体，更好造福世界各国人民。党的十八大以来，我国以“一带一路”倡议为引领，以政策沟通、贸易畅通、能源投资合作、能源产能合作、能源基础设施互联互通、人人享有可持续能源和全球能源治理结构等为重点合作领域，与多个国家和地区实现互联互通、产能合作，参与国际能源治理的话语权影响力不断提升。

一、利用国际能源资源的水平不断提高

能源互联互通范围不断扩大。能源全球性特征日益突显，国际

合作持续加强。截至2019年，我国实现了同俄罗斯、蒙古、越南、老挝、缅甸等周边国家电网联接，打造了东北、西北、西南、海上四大油气输送通道格局，基本形成了油气上下游产业链深层次全面合作模式。建设全球能源互联网的倡议获得更加广泛的共识。2017年首届“一带一路”国际合作高峰论坛期间，全球能源互联网发展合作组织与联合国经济和社会事务部、联合国亚洲及太平洋经济社会委员会、阿拉伯国家联盟、非洲联盟、海湾合作委员会互联电网管理局签署了能源领域合作备忘录。

能源国际合作的对象不断扩大。我国的国际能源合作对象既有国家行为体又有非国家行为体，如国际能源政府及非政府间组织等。同时，非政府主体也成为中国合作的重要对象。2016年以来，美国通用电气公司、美国国际商业机器公司、美国高盛集团、美国雪佛龙公司、美国泰拉能源公司等与我国开展能源合作。

能源合作方式不断创新。这种创新一方面体现在合作模式上，鼓励企业以直接投资、收购并购、政府与社会资本合作模式（PPP）等多种方式深化能源投资合作。加强金融机构在能源合作项目全周期的深度参与，形成良好的能源“产业 + 金融”合作模式。另一方面体现在合作内容上，也逐渐将重点从传统能源领域转向新能源领域。同时，通过丰富的合作形式与其他国际企业分享经验、共同开发、共担风险。如在中亚地区，由于能源深加工项目建设时间长、投入资金多，我国企业在合作时也多采用与国际同行，包括与合作国的公司组成利益共同体，丰富合作形式，共同开发。同时，结合不同国家的国情、法规、政策环境等因素，因地制宜选择合适的国际合作方式。如中石油在与哈萨克斯坦的企业合作中，主要采用股权收购和成立合资公司等形式。在与土库曼斯坦的企业合作中则主要采用共同开发项目，同时向土库曼斯坦提供技术服务。

二、能源行业走出去进程有序推进

能源企业走出去有序推进。能源行业积极服务对外开放大局，全面发展同世界各国的能源交往合作，着力推进“一带一路”能源合作，广度、深度不断拓展，一大批先进能源技术装备走出国门、走向世界。在可再生能源领域，2019 年，我国向海外出口风电机组 600 兆瓦，同比增长 60%；截至 2019 年底，我国风电机组整机制造企业已出口风电机组超过 1 950 台，累计容量达到 4 181 兆瓦。光伏产品 2019 年出口总额 207.8 亿美元，同比增长 29%，自 2011 年后首次超过 200 亿美元大关。我国光伏企业在马来西亚、泰国、越南等东南亚国家拥有硅片、电池片、组件等总产能达 40 百万千瓦。此外，中国企业积极走出去开展国际光伏项目合作。其他能源国际合作也正在逐步展开，如乌克兰 Cindrigo 1000 TPD 和基辅 Karsa 垃圾发电项目，埃塞俄比亚国家电力公司地热能开发项目，肯尼亚地热资源综合开发利用项目等。

我国能源企业不仅展现了规模、技术、质量上的实力，同时也更加关注“一带一路”地区国家的能源安全、减少地区能源贫困、改善地区人民生活质量等问题，在合作中展现大国担当，提升我国企业的影响力和竞争力，在全球能源合作中发挥更加重要的作用。

三、参与国际能源治理的积极性和影响力不断提升

积极应对能源国际合作风险与挑战，广泛参与全球能源治理。2019 年 4 月 25 日，中国与 29 个国家在北京共同建立“一带一路”能源合作伙伴关系，伙伴关系正式纳入《第二届“一带一路”国际合作高峰论坛圆桌峰会联合公报》，伙伴关系成员共同对外发布《“一带一路”能源合作伙伴关系合作原则与务实行动》。

不断深入参与既有框架下的能源治理合作。党的十八大以来，我国通过多次举办国际性能源活动，形成了一系列重要文件。如 2014 年第 11 届亚洲太平洋经济合作组织（APEC）能源部长会议发表的《北京宣言》，2015 年和 2016 年苏州国际能源变革论坛达成的《苏州共识》，2016 年二十国集团（G20）能源部长会议发表的《北京公报》，2017 年“一带一路”国际合作高峰论坛发表的《推动丝绸之路经济带和 21 世纪海上丝绸之路能源合作愿景与行动》。此外，还于 2014 年正式加入 IRENA，2015 年正式与 IEA 建立联盟关系。作为全球最大的能源生产国和消费国，我国在全球能源舞台上的力量正不断强化和提升。

积极主动引领全球气候治理国际合作。应对气候变化是全人类共同的责任，需要世界各国加强合作，特别是加强能源领域合作。党的十九大明确提出“引导应对气候变化国际合作，成为全球生态文明建设的重要参与者、贡献者、引领者。”习近平总书记在全国生态环境保护大会上明确强调，共谋全球生态文明建设，深度参与全球环境治理，形成世界环境保护和可持续发展的解决方案，引导应对气候变化国际合作。我国积极参与和引导应对气候变化国际合作，已成为全球生态文明建设的重要参与者、贡献者、引领者。在多边进程中，特别是在《巴黎协定》这份开启全球气候治理新阶段的历史性协定的达成、签署、生效的过程中，我国发挥了重要作用。在巴黎气候变化大会上，习近平主席发表了题为《携手构建合作共赢、公平合理的气候变化治理机制》的重要讲话，提出了气候治理“四个有利于”主张，为全球气候治理注入新活力。在《巴黎协定》谈判过程中，我国与各方密切沟通，为推动解决谈判中的若干重大问题发挥了重要作用。签署《巴黎协定》后，我国不仅自身积极完成国内法律程序，同时向 G20 成员发出倡议，推动协定尽早生效。美国宣布退出《巴黎协定》后，我国明确表示将继续做好应对气候变化各项工作，积极参与气候变化多边进程，彰显了我国与国际社会共同应对气候变化的坚定决心和担当。

学习贯彻习近平新时代中国特色社会主义经济思想

做好“十四五”规划编制和发展改革工作

| 系列丛书 |

第四章

“十四五”能源发展面临的形势

习近平总书记指出，当前，我国处于近代以来最好的发展时期，世界处于百年未有之大变局，两者同步交织、相互激荡。[1]世界能源格局重构和地缘政治、经济治理体系演化相互叠加，我国处于优化能源结构、保障能源安全、提升能源效率的攻坚阶段，能源的外部风险和内部调整发生复杂而深刻的重大变化。深刻认识中华民族伟大复兴的战略全局和世界百年未有之大变局，科学研判我国能源发展面临的内外部环境变化，准确把握“十四五”乃至更长时期我国能源发展的机遇和挑战，对于进一步推动能源转型变革具有重要的现实意义和深远的战略意义。

---

[1]《习近平在中央外事工作会议上强调 坚持以新时代中国特色社会主义外交思想为指导 努力开创中国特色大国外交新局面》，《人民日报》2018 年 6 月 24 日。

第一节

国际政治经济形势和全球能源供需格局深刻变化

习近平同志指出，能源问题是全球性问题。[1] 随着美国页岩油气革命的冲击和多种新兴供应源的相继出现，世界油气生产供应呈现出“重心西移”“多中心化”的发展趋势，地缘政治因素加剧了能源供应的不稳定性。伴随中国、印度等新兴市场国家能源需求大幅增长，全球能源需求重心加速东移。全球能源供需格局深刻变化，影响国际力量格局变化，世界主要大国围绕争夺能源资源、控制能源战略通道、抢夺市场份额、影响国际能源市场价格、引领能源创新变革等方面博弈更趋激烈，全球能源治理主导权博弈更加复

[1]《在沙特吉达举行的国际能源会议上的讲话》，《人民日报》2008 年 6 月 23 日。

杂。国际能源形势的深刻变化将产生长期而深远的影响，我国能源安全风险加大。

“十四五”及更长时期，大国博弈加剧，单边主义、保护主义抬头，对全球经济和能源稳定发展带来较大不确定性。虽然在可再生能源加速发展背景下，石油等传统化石能源作为战略商品在国际竞争博弈中的作用有所下降，但由于中东、东亚、南美等热点地区局势尚未完全缓和，且存在不断演化的风险，国际能源市场面临的不确定性因素还将增多。

一、发展中国家成为能源需求增量主体

“十四五”及更长时期，由于受经济结构调整、技术进步等多重因素影响，全球能源需求增速将有所放缓。发达国家经济增长与能源消费“脱钩”态势将更为明显。据 IEA 预测，从 2017 年到 2025 年，全球能源需求年均增速为 1.2%，从 2025 年到 2035 年，增速仍保持在 1% 左右，而发达国家能源需求基本饱和，个别国家开始出现下降趋势；英国石油公司（BP）预测，发展中国家将取代发达国家，成为能源需求总量和增量的主要贡献者。

从中长期看，全球能源消费重心东移的趋势将进一步凸显，增量将几乎全部来自发展中国家（见表 4–1）。2018 年 IEA 成员国石油消费占比不足全球总消费量的 50%，未来一段时期其占比将进一步下降，而以中国、印度为代表的新兴国家石油、天然气需求

将快速增加。IEA 预测，“十四五”末期，亚太地区的石油需求占比将比 2018 年增加 2 个百分点，天然气需求占比将增加 3.7 个百分点，预计到 2035 年，亚太地区的石油和天然气需求占比将分别达到 36.7% 和 27.2%（见表 4–2 和表 4–3），这意味着未来十多年里全球石油需求增量 60%、天然气需求增量 50% 左右将来自亚太地区。

表 4–1　IEA 对不同区域一次能源需求预测

地区	一次能源需求（百万吨油当量）			占比 /%			年均增速 /%	
	2017 年	2025 年	2035 年	2017 年	2025 年	2035 年	2017—2025 年	2025—2035 年
北美	2 624	2 675	2 661	19	17	16	0.2	–0.1
中南美洲	667	730	847	5	5	5	1.1	1.5
欧洲	2 008	1 934	1 779	14	13	11	–0.5	–0.8
非洲	829	980	1 192	6	6	7	2.1	2.0
中东	740	846	1 085	5	5	6	1.7	2.5
欧亚大陆	911	943	986	7	6	6	0.4	0.4
亚太	5 789	6 803	7 798	41	44	46	2.0	1.4
中国	3 051	3 509	3 787	22	23	22	1.8	0.8
印度	898	1 238	1 683	6	8	10	4.1	3.1
全球	13 972	15 388	16 926	100	100	100	1.2	1.0

资料来源：IEA。

注：只选取部分国家和地区数据。

表 4–2　不同区域石油需求情况

地区	需求量 /（百万桶 · 天 $^{-1}$）					占比 /%					年均增速 /%			
	2018 年	2025 年	2030 年	2035 年	2040 年	2018 年	2025 年	2030 年	2035 年	2040 年	2018—2025 年	2025—2030 年	2030—2035 年	2035—2040 年
北美	22.8	22.5	21.5	20.3	19.1	23.5	21.7	20.4	19.2	18.0	–0.2	–1.1	–1.4	–1.5
中南美	5.8	6.1	6.2	6.4	6.5	6.0	5.9	5.9	6.0	6.1	0.8	0.4	0.8	0.4
欧洲	13.2	12.4	11.1	9.7	8.7	13.6	12.0	10.5	9.2	8.2	–1.0	–2.7	–3.3	–2.7
非洲	3.9	4.9	5.0	6.2	7.0	4.0	4.7	4.7	5.8	6.6	3.9	0.5	5.5	3.1
中东	7.5	8.4	8.8	9.6	10.2	7.7	8.1	8.3	9.1	9.6	1.9	1.2	2.2	1.5
欧亚大陆	3.9	4.3	4.3	4.2	4.2	4.0	4.2	4.1	4.0	3.9	1.6	0.0	–0.6	0.0
亚太	31.6	35.8	38.0	38.9	39.2	32.6	34.6	36.1	36.7	36.8	2.1	1.5	0.6	0.2
全球	96.9	103.5	105.4	106.0	106.4	100	100	100	100	100	1.1	0.5	0.1	0.1

资料来源：IEA。

注：只选取部分国家和地区数据。

表 4–3 不同区域天然气需求情况

地区	需求量 / 十亿立方米					占比 /%					年均增速 /%			
	2018 年	2025 年	2030 年	2035 年	2040 年	2018 年	2025 年	2030 年	2035 年	2040 年	2018—2025 年	2025—2030 年	2030—2035 年	2035—2040 年
北美	1 067	1 163	1 183	1 195	1 221	27.0	26.3	25.1	23.6	22.6	1.4	0.4	0.3	0.5
中南美	172	178	198	224	257	4.4	4.0	4.2	4.4	4.8	0.6	2.7	3.1	3.5
欧洲	607	621	593	578	557	15.4	14.1	12.6	11.4	10.3	0.4	–1.1	–0.6	–0.9
非洲	158	185	221	265	317	4.0	4.2	4.7	5.2	5.9	2.7	4.5	4.6	4.6
中东	535	559	646	739	807	13.5	12.7	13.7	14.6	14.9	0.7	3.7	3.4	2.2
欧亚大陆	598	628	639	652	674	15.1	14.2	13.5	12.9	12.5	0.8	0.4	0.5	0.8
亚太	815	1 071	1 218	1 374	1 522	20.6	24.3	25.8	27.2	28.2	4.7	3.3	3.1	2.6
全球	3 952	4 415	4 720	5 060	5 404	100	100	100	100	100	1.9	1.7	1.8	1.7

资料来源：IEA。

注：只选取部分国家和地区数据。

二、能源国际合作风险日益凸显

国际政治经济格局变化和能源地缘博弈增加了能源国际合作风险。“十四五”时期，受新冠肺炎疫情冲击的世界秩序将如何演变，逆全球化、保守主义态势，单边主义、排他性区域经贸安排、“美国优先”发展到何种程度，大国博弈角力到何情境等，都将对双边、多边区域和全球经贸投资合作产生重大而深远影响，为能源领域双多边区域性合作带来新的不确定性。能源地缘博弈日趋激化，能源领域双多边合作机制面临挑战，进一步加剧能源国家合作风险。美国逐渐转变为油气净出口大国，集“油气生产大国、油气消费大国和油气出口大国”三重属性于一身的“能源新美国”出现，给能源国际合作格局带来新的重大变数。第一，美国作为全球最大的油气生产国和油气出口市场的重要一极，将显著改变全球油气市场供应格局，使得供方之间、供需方之间的博弈格局更加复杂；同时，美国将谋求全球能源主导权，美国在能源领域的身份变化或使得 IEA 框架下的国际能源政策协调变难，能源也很可能反过来成为美国继续制霸全球的重要战略武器。第二，因地缘政治和国家利益凌驾于多边合作机制之上，再加上“能源新美国”的冲击，既往的“OPEC+”合作模式面临挑战，OPEC 内部分裂严重，影响力不断降低。第三，在油气长期供过于求的背景下，油气领域常规性走出去合作的困难和风险陡增。可以预见，因地缘政治、供需格局等多方面因素影响，油气领域双多边合作既面临“拉拢”与“施压”，又面临“打压”与“阻扰”，将增加能源国际合作的不确定性。

与发达国家相比，我国参与海外能源合作时间相对较短，参与区域和全球能源治理的经验和程度较为有限，在区域和全球能源治理中的话语权和影响力与我国能源生产大国、消费大国和进口大国的地位不匹配，我国通过多边能源合作充分体现自身利益诉求仍任重道远。再加上经历新冠肺炎疫情的冲击后，个别西方国家对我国诋毁、抹黑，并不遗余力地散布“中国威胁论”“资源新殖民主义”“技术标准渗透主义”等负面消息，我国能源企业走出去或将面临各种新的风险和挑战。

三、能源供应链不确定性增加

新冠肺炎疫情既是对全球供应链弹性、韧性和稳定性的一次压力测试，也是对经济全球化和区域化未来演进的一次严峻大考。全球化下的国际供应链在疫情影响下面临新一轮挑战，疫情后全球化撕裂的风险正在增加，全球产业链、供应链、价值链安全稳定面临严峻考验。在“十四五”乃至更长时期内，因新冠肺炎疫情冲击，世界百年未有之大变局将变得更加错综复杂，大国博弈或将进一步加剧，结构性“去全球化”不排除加速的可能，这将对能源等重要领域的供应链安全提出严峻挑战。“十四五”及中长期，各国对供应链干预可能增强，供应链扁平化、分散化、区域化的趋势可能加快，如何避免供应链过长、价值链过度全球化、产业链过分集聚集群可能导致的断链、断供、断联风险，将成为各国政府、跨国公司和国际贸易相关企业考虑的重点。对与国家经济社会民生紧密相关的能源行业而言，能源领域高端装备、核心技术、关键产品、复杂系统、重要零部件、先进材料等方面的供应链安全稳定或将被各国提到新的高度，随着各国更加重视能源领域的独立性和自主性，能源国际合作的空间和结构将受到新的影响。

“十四五”及未来一段时期我国油气对外依存度仍将进一步上升，油气供应安全风险和机遇并存。从油气进口来源和通道看，虽然我国已形成了西北、东北、西南、海上等四条能源进口通道，但油气进口对海上通道的依赖性并未因陆上通道的建设而下降，油气进口高度依赖海上通道的局面长期存在。同时，油气进口来源主要集中于中东、非洲等地区。能源地缘政治风险对我国油气稳定供应安全带来潜在风险。但也要看到，保障我国能源供应面临的机遇也前所未有，“十四五”及更长时期，全球油气供大于求，油气“卖方”市场加速向“买方”市场转变，油气消费国的话语权上升，出口国的话语权随之下降。我国拥有庞大的油气消费市场和进口规模，是主要供应方角逐的重点，也是影响国际市场的重要力量。此外，我国作为世界上最大的可再生能源生产和消费国，全产业链和运营优势明显。这表明，我国油气市场和可再生能源综合优势既有利于切实提升我国保障能源安全的水平，也有利于维护国际能源市场稳定，更有利于以能源为载体进一步践行习近平总书记提出和推动构建人类命运共同体宏伟愿景的大国担当。

第二节

世界能源清洁低碳发展大势已成

习近平主席指出，应对气候变化是人类共同的事业。[1]《联合国应对气候变化框架公约》生效二十多年来，在各方共同努力下，全球应对气候变化逐渐成为共识并取得积极进展，技术进步和模式创新联合发力，可再生能源优势日益突显，世界能源绿色低碳转型已呈不可逆转之势。

一、能源低碳化和应对气候变化是全球大势所趋

2015 年，联合国气候变化大会通过《巴黎协定》，代表了人类

[1]《携手构建合作共赢、公平合理的气候变化治理机制——在气候变化巴黎大会开幕式上的讲话》，《人民日报》2015 年 12 月 1 日。

应对全球气候变化挑战的一个新的里程碑。《巴黎协定》基于气候变化科学，它为2020年后全球应对气候变化行动、大幅减排温室气体作出了制度安排（见表4-4）。

表4-4 主要国家及地区确定的国家自主贡献（NDCs）目标

国家 / 地区	2030年NDCs目标
欧盟	温室气体排放在1990年基础上下降40%以上； 可再生能源占比超过32%； 与趋势照常情景相比，实现节能32.5%
中国	单位GDP的二氧化碳排放要比2005下降60% ~ 65%； 非化石能源在总的能源当中的比例要提升到20%左右； 到2030年左右，中国二氧化碳的排放要达到峰值，并且争取尽早达到峰值
日本	温室气体排放比2013年下降26%
印度	碳排放强度比2005年下降33% ~ 35%； 在国际技术和资金支持下，非化石能源装机达到40%
巴西	2025年温室气体排放比2005年下降37%； 生物燃料在一次能源消费中占比达到18%； 可再生能源在一次能源消费中占比达到45%； 非水可再生能源在一次能源消费中占比28% ~ 30%，在发电中占比达到23%

中国政府高度重视应对气候变化。习近平主席多次强调，应对气候变化不是别人要我们做，而是我们自己要做，是中国可持续发展的内在需要，也是推动构建人类命运共同体的责任担当。习近平主席指出，面对全球性挑战，各国应该加强对话，交流学习最佳实践，取长补短，在相互借鉴中实现共同发展，惠及全体人民。同时，要倡导和而不同，允许各国寻找最适合本国国情的应对之策。[1]

[1]《携手构建合作共赢、公平合理的气候变化治理机制——在气候变化巴黎大会开幕式上的讲话》，《人民日报》2015年12月1日。

能源是应对气候变化的重要领域，全球能源绿色低碳转型已呈不可逆转之势。在相关政策的支撑和引导下，新能源领域科技研发与投入不断增加，全球能源正加速向低碳化、无碳化方向演变，一次能源中可再生能源占比将持续走高（见图 4–1）。从 1965 年到 1973 年，煤炭占比下降约 11 个百分点，而油气占比则增加 10 个百分点。从 1973 年到 2019 年，石油占比下降近 17 个百分点，而天然气、核电、水电、风电、光伏等清洁能源占比大幅提高。虽然煤炭、石油、天然气等化石能源占比在 2019 年仍超过 84%，仍然

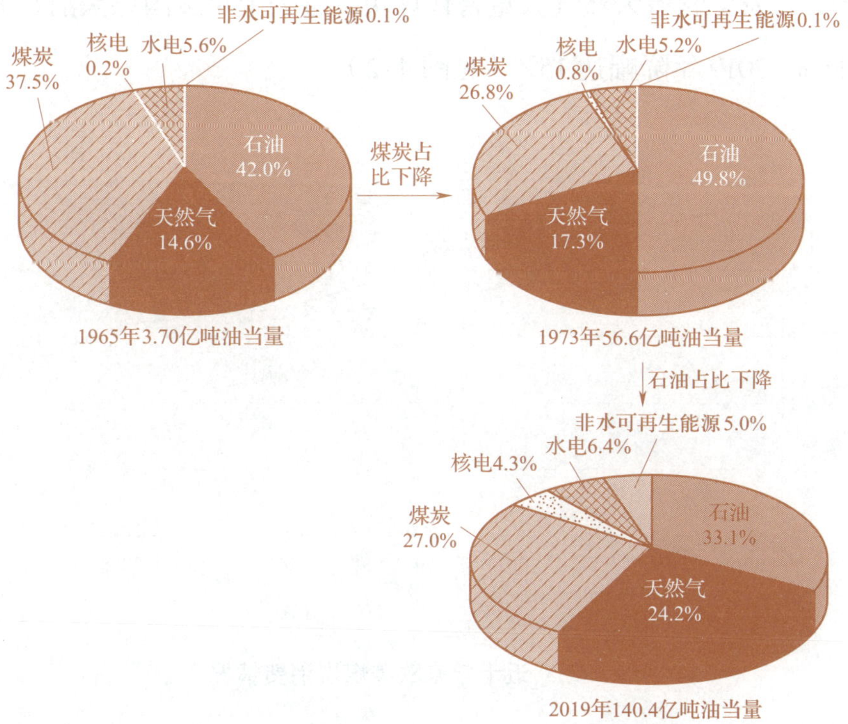

图 4–1 全球一次能源消费品种结构演变

资料来源：《BP世界能源统计年鉴》2019年版。

占主体地位，但随着风电、光伏发电等可再生能源技术发展与装机规模化快速扩大，可再生能源成本不断降低，可再生能源发展将明显提速。

从全球看，虽然煤炭资源储量还很丰富，但是其利用场景逐步减少，将导致煤炭投资与需求增速大大放缓，其产量将在近期达峰后出现下降。事实上，欧美等发达国家的煤炭消费量已呈现下降态势，《BP 世界能源统计年鉴》2019 年版显示，近十年欧盟煤炭消费量下降了 26%，而美国方面，由于页岩气大发展，美国天然气价格大幅下降，在发电领域天然气大量替代煤炭，过去十年美国煤炭消费下降了 46%，2019 年降幅达 15%（见图 4–2）。

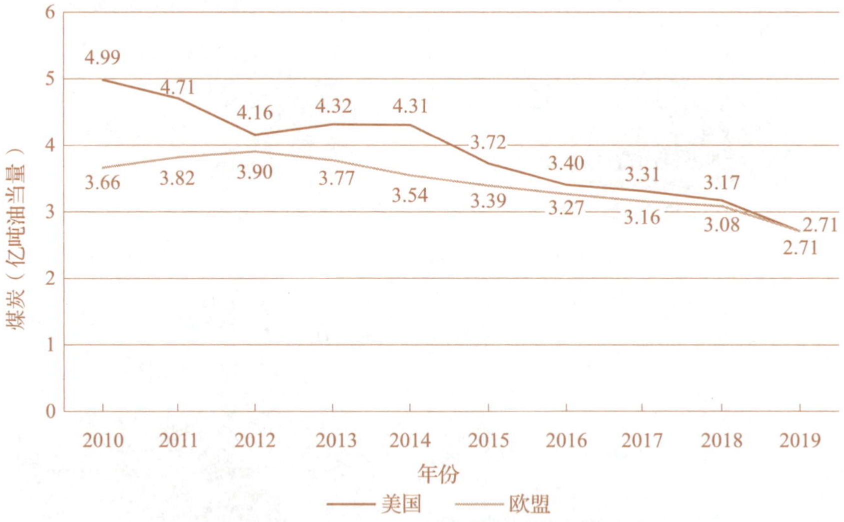

图 4–2　近十年来欧美煤炭消费情况

资料来源：《BP世界能源统计年鉴》2019年版。

二、可再生能源竞争力大幅提升

随着风电、光伏发电等可再生能源分布式利用，以及储能使用成本的降低，可再生能源在一次能源供应中的竞争力不断增强。IRENA 数据显示，从 2012 年到 2018 年，光伏成本下降 77%、光热成本下降 46%、陆上风电成本下降 35%、海上风电成本下降 20%。《BP 世界能源统计年鉴》2019 年版显示，2019 年全球风电、光伏等可再生能源发电量超过 2.8 万亿千瓦时，在发电总量中占比超过 10%。全球可再生能源资源量丰富，且分布广泛。但由于各国可再生能源产业发展阶段和政策支持力度不同，全球可再生能源开发并不均衡，呈现出中国、欧盟、美国三家引领的特点（见图 4-3）。

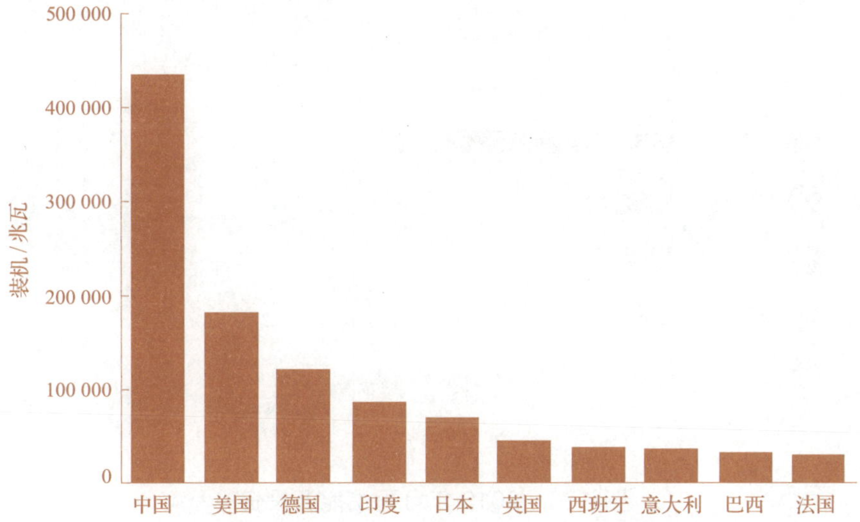

图 4-3　2019 年主要国家可再生能源装机量

资料来源：IRENA。

全球可再生能源投资持续超越化石能源投资。根据21世纪的可再生能源政策网络（REN21）《2020年全球可再生能源状况报告》公布的数据，2019年可再生能源投资达到燃煤、燃气发电机及核电投资额的三倍，约3 167亿美元；其中，全球太阳能和风能的投资分别为1 410亿美元和1 427亿美元（见图4–4）。中国连续第8年在全球范围内引领投资，达到901亿美元，占全球总投资的30%。值得指出的是，虽然美国政府对清洁能源支持力度大幅降低，但2019年美国在可再生能源领域投资额大幅增加，达到590亿美元，增幅为25%。

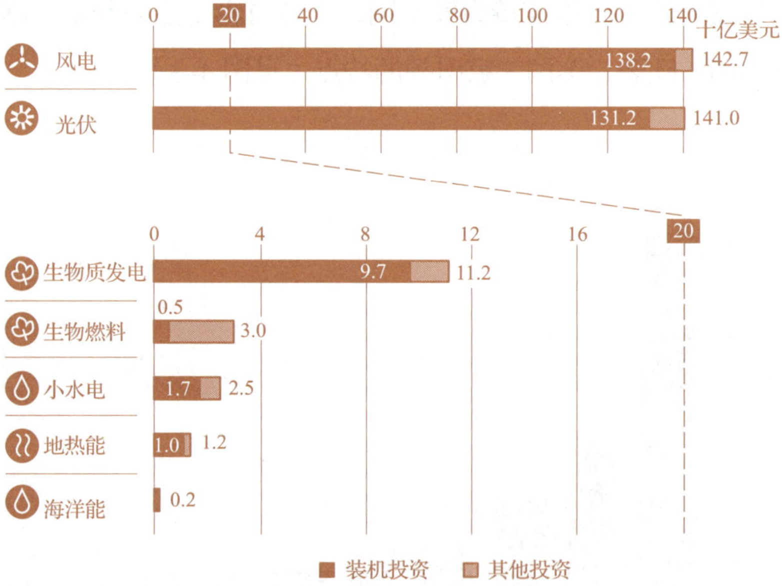

图4–4　2019年可再生能源投资

资料来源：REN21《2020年全球可再生能源状况报告》。

可再生能源在全球能源生产消费中的比重不断提升。电力部门是直接排放温室气体最多的部门，也是能源转型最快、可再生能源比例最高、未来潜力最大的领域。2019 年，全球新增发电量的 96% 来自可再生能源。REN21 数据显示，2019 年可再生能源在发电中占比达 26.4%。从 2009 年到 2019 年，全球风电装机从 1.5 亿千瓦增加到 6.2 亿千瓦，光伏发电装机从 2 400 万千瓦增加到 5.9 亿千瓦。风电在一些地区已经逐步成为主力能源，太阳能发电在一些地区已成为最具竞争力的电源。2019 年，风电和光伏发电量占丹麦、德国和英国全部发电量的比重分别达到 60%、32% 和 31%（见图 4–5）。

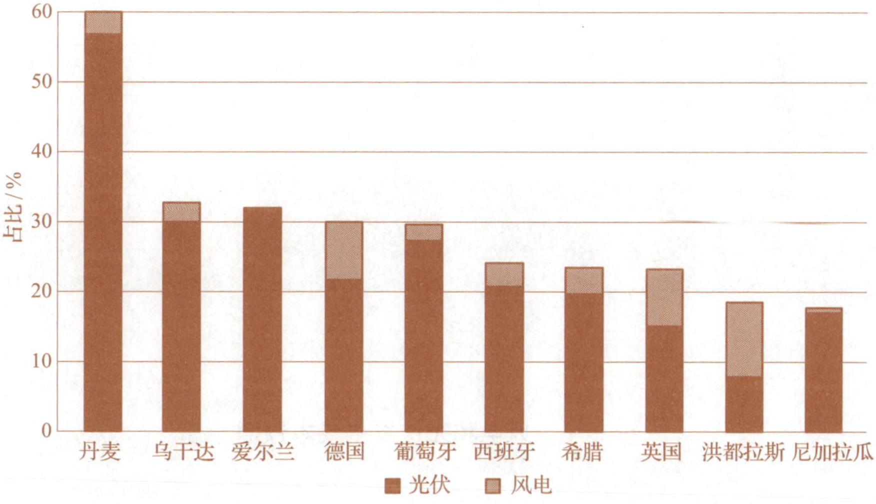

图 4–5　2019 年风电和光伏发电量占比最高的 10 个国家

资料来源：REN21。

IRENA预计，到2025年可再生能源发电成本将普遍低于化石能源。2030年，光热发电、光伏发电、海上风电、陆上风电的度电均值成本将分别下降至0.086美元/千瓦时、0.040美元/千瓦时、0.054美元/千瓦时和0.040美元/千瓦时（见图4–6）。同时，受技术进步和模式创新双重驱动，储能可能成为促进可再生能源发展的重要推手，2020年锂电池成本已降至1 800元/千瓦时左右，在部分地区锂电池储能成本可与电网峰谷差价持平。此外，低成本的清洁氢能，以及可作为分布式储能的电动汽车，可以为电力系统提供可观的灵活性资源，可再生能源综合优势将更凸显，发展也将提速。

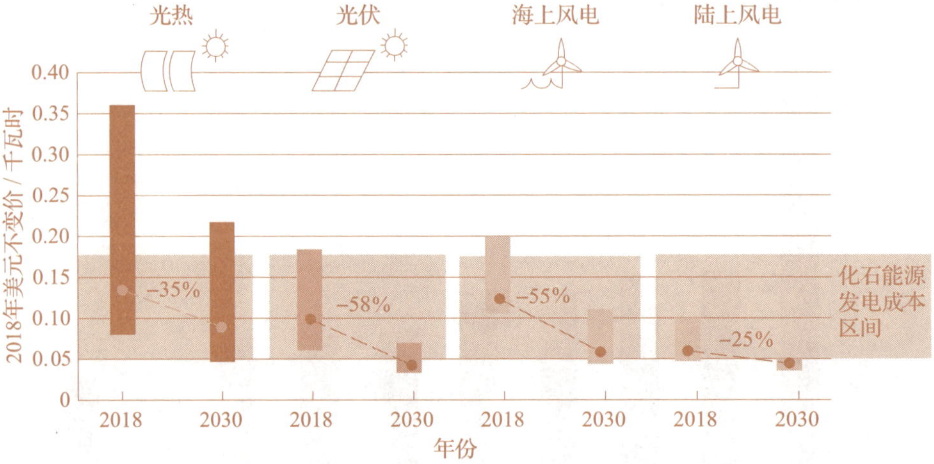

图4–6　风电和光伏发电成本预测

资料来源：IRENA。

注：图中柱状图为发电成本区间值，圆点为均值。

可再生能源将成为全球能源转型重要力量。美国能源信息署（EIA）预测，可再生能源在一次能源中占比将在2031年超过煤炭和天然气，在 2047 年超过石油，在 2050 年占比达到 28%（见图 4–7）。IEA 预测，在既定政策（中性）情景和可持续（积极）情景下，2040 年全球可再生能源在一次能源中占比将分别达到 17% 和 34%。IRENA 认为，为了实现《巴黎协定》的目标，2050 年可再生能源在一次能源中占比需要达到 65%。

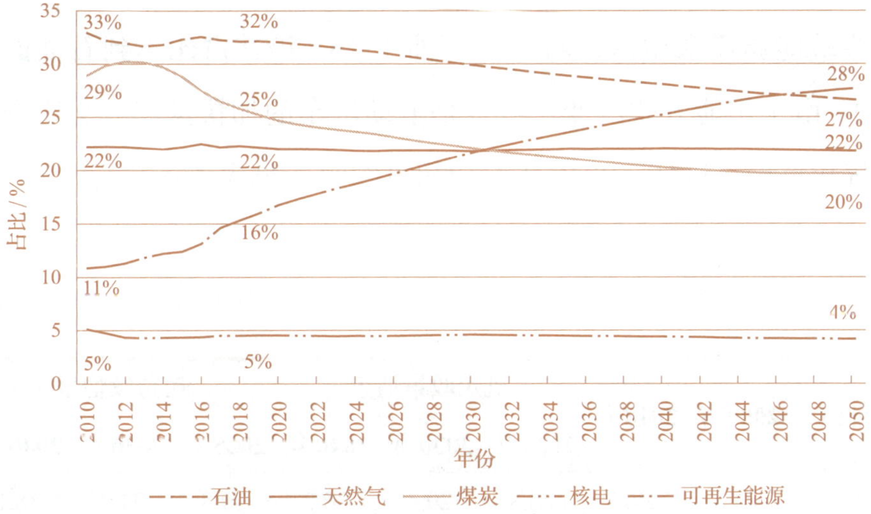

图 4–7 全球一次能源供应结构演进

资料来源：EIA，International Energy Outlook 2019。

三、技术创新融合发展推动能源行业发展模式和业态重塑

能源技术、能源市场以及能源理念的变化，推动各国能源系统朝着绿色、低碳、多元和智能方向发展。特别是随着新能源、智能家居、先进制造、电动汽车、智慧能源技术不断成熟和成本快速

下降，其与大数据、云计算、物联网、共享经济等深度融合持续推动终端用能电气化。从 2000 年到 2018 年，电力在全球终端用能比重已从 15.5% 提升到 19%。IEA 既定政策情景预测，电力在全球终端能源消费中的比重持续平稳上升，2040 年达到 24%，比 2018 年增加 5 个百分点。而在可持续发展情景中，电力在全球终端用能中占比将增长至 2040 年的 31%，比既定政策情景增加 6 个百分点，在终端能源需求中占比将超过石油（2019 年其占比不到石油的一半）。由于用能方式改变，特别是电动汽车的加快推广，交通领域电气化率增长迅猛，2040 年有望超过 50%（见表 4–5）。

表 4–5　IEA 对电力在不同部门终端能源消费中占比的预测　　单位：%

部门	2000 年	2018 年	既定政策情景			可持续情景		
			2025 年	2030 年	2040 年	2025 年	2030 年	2040 年
工业	24.8	27.7	28.8	29.4	30.3	29.8	31.4	36.1
建筑	23.6	32.6	35.4	37.8	43.2	38.8	44.9	52.7
交通运输	1.0	1.1	1.8	2.6	4.8	2.0	4.0	13.4
全行业	15.5	19.2	20.4	21.6	24.2	21.3	23.7	30.5

资料来源：IEA，World Energy Outlook 2019。

随着可再生能源比重增加，终端需求、能源供应、基础设施建设和运行管理等方面创新不断涌现。交通、建筑、工业等终端部门协同转型，可再生能源直接供热、热泵、分布式发电、氢能等各种储能设施将快速发展。丹麦积极推动电热综合系统，德国启动能源数字化示范工程。为了适应新变化，各国积极推进能源领域监管架构和法律法规变革，制定多部门协同的能源转型方案和实施机制，适应波动性可再生能源的电力市场机制，促进电力市场融合，保障能源领域高度开放竞争。欧盟通过立法，构建整个区域内强强连接的电网和统一电力市场，确保电力系统稳定而灵活接纳高比例可再生能源。

技术创新融合发展，“去中心化”初见端倪。围绕分布式可再生能源发电为核心的电动汽车、工业灵活负荷、数据中心、智能家居等负荷侧资源与上游供能系统的双向互动将成为能源系统运行的常态，虚拟电厂、负荷集成商等将成为电力市场中的重要角色。可以预见，随着数字化的发展，可再生能源和储能成本持续下降，以“去中心化”为主要特征的分布式能源供应模式得以快速应用，能源系统“去中心化”的趋势将日益明显。能源生产者与消费者一体化示范工程将不断涌现，人工智能、物联网、大数据等技术不断向工业与交通等终端部门渗透，分布式燃气与光伏、热泵及储能、工业余热与城市供暖等应用也会不断涌现，“互联网+”可再生能源将催生能源行业发展新模式和新业态（见图4–8），届时能源行业发展模式和业态将不断被重塑与创新。

与此同时，清洁低碳能源生产主体多元化，各类企业和社区民众日益重视购买、生产和消费可再生能源。在可持续发展目标和日益多样化的采购选择的推动下，越来越多的企业直接采购可再

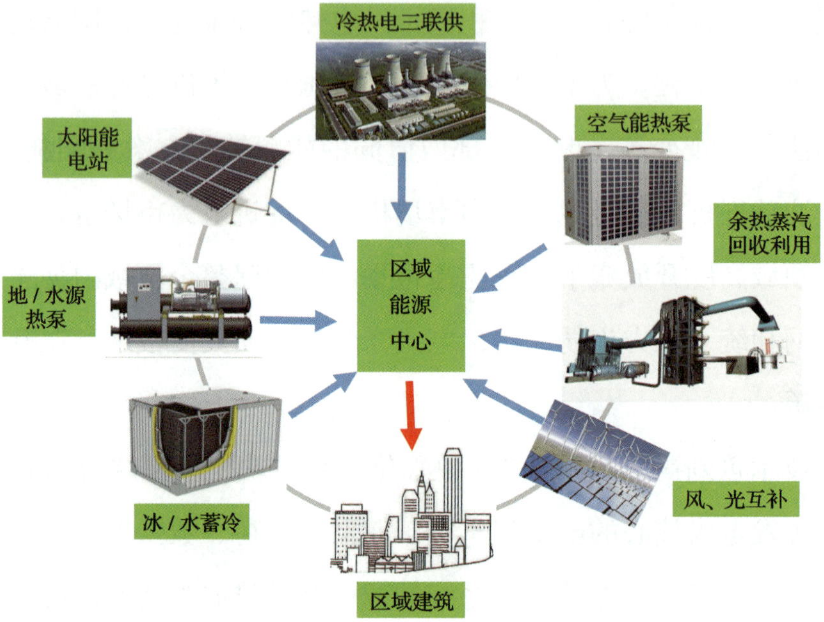

图 4–8　分散化、多元化的能源供应情景

生能源。截至 2018 年底，全球约 150 家大型企业承诺实现 100% 使用可再生能源。而且随着应对气候变化持续推进、企业社会责任增强、可再生能源成本不断下降、能源多元化的努力、投融资和风险控制工具的创新，壳牌集团、高盛集团等大企业以及一些小型企业也加大投资和购买可再生能源资产。美国数百个社区制定目标在 2035 年之前实现全社区 100% 使用可再生能源，通过社区选择聚合（CCA）等项目推动居民、企业和市政共同生产消费可再生能源，并孕育新的商业模式。

第三节

我国能源需求增长呈现新特征

党的十九大报告提出，我国经济已由高速增长阶段转向高质量发展阶段。经济发展阶段的变化使得“十三五”能源需求呈现了新特征，能源消费总量增速较“十一五”“十二五”时期趋缓；各能源品种需求出现分化，煤炭消费稳中趋降，石油消费增长进一步趋缓，天然气和电力等清洁能源仍将保持较快增长态势，并对煤炭、石油形成增量替代，甚至存量替代。

一、能源消费总量将保持中低速增长

“十一五”以来，我国五年平均的能源消费增速逐渐下降。2004 年我国能源消费增速曾高达 16.9%，2015 年快速下降至

1.3%，2017年以来虽然有所反弹，但是仍维持在3%左右的较低水平。平均来看，“十五”“十一五”“十二五”，以及“十三五”前四年我国平均能源消费增速分别为12.2%、6.7%、3.7%和2.9%，呈现逐步下降。同期我国能源消费弹性系数平均分别为1.25、0.59、0.47和0.44，反映了我国经济增长对能源的依赖性下降，体现出高质量发展的良好态势。从消费增长绝对量看，年增量保持一定刚性，2016年、2017年、2018年和2019年增速分别达到1.7%、3.2%、3.5%和3.3%，年新增能源消费量分别为0.7亿吨标准煤、1.4亿吨标准煤、1.6亿吨标准煤和1.6亿吨标准煤，“十三五”前四年每年平均新增1.3亿吨标准煤（见图4-9），略高于“十二五”期间的年增量。

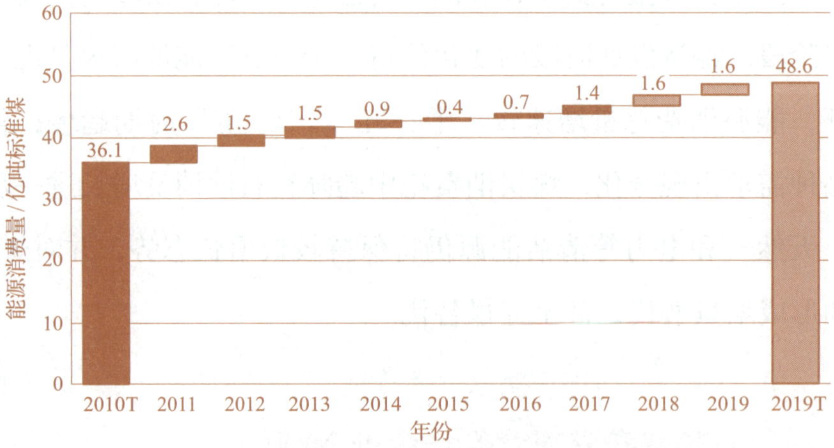

图4-9 我国近年来能源消费量的增量

资料来源：国家统计局。

注：T表示总数，下同。

当前，新冠肺炎疫情仍在全球蔓延，将深度影响“十四五”乃至更长时期全球经济产业格局。一方面，尽管面临全球产业布局调整的压力，我国作为全球制造业大国的地位在“十四五”时期不会发生明显变化。在此背景下，我国经济可能以渐进式的方式逐步恢复，能源消费增长也不会出现过快增长，与“十三五”时期相比，“十四五”时期能源消费年均增速超过4%的可能性不大。另一方面，除非全球经济发生持续衰退，“十四五”时期我国能源消费年均增速低于2%的可能性也相对较小。总体判断，“十四五”时期我国能源消费总量将保持2%～4%的中低速增长态势。

二、煤炭清洁高效利用水平将持续提升

“十三五”期间，随着蓝天保卫战和北方地区清洁供暖等工作持续推进，国家采取了区域煤炭消费总量控制、终端散煤治理、煤改气、煤电总量控制等措施，高污染高排放的散煤利用大幅削减，煤炭在能源消费结构中的比重持续下降。“十三五”前四年，煤炭在能源消费中的比重平均每年下降1.5个百分点（见图4–10）。

“十四五”期间，我国煤炭消费总量仍将处于峰值平台期，清洁高效利用水平持续提升。在电力用煤方面，考虑到煤电在全国发电量中的比重超过60%以及电力消费较快增长趋势，预计“十四五”期间全国电煤消费还将继续增加。在高载能行业耗煤方面，随着传统的基础设施及房地产建设速度回落，建材行业发展

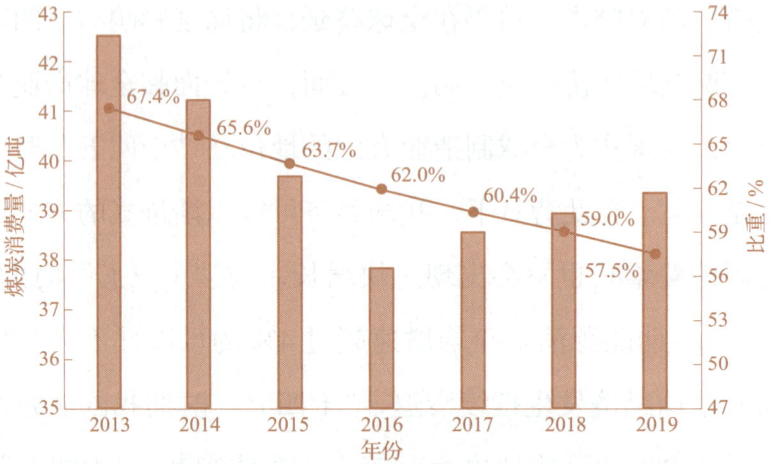

图 4–10　我国近年来煤炭消费量及占一次能源消费比重

资料来源：国家统计局。

空间有限，其煤炭需求处于峰值平台期，可能出现下降趋势；钢铁行业本身增长空间有限，加之废弃钢铁再利用规模增大，钢铁行业的煤炭需求也处于峰值平台。在煤化工行业耗煤方面，国际原油价格低位运行，导致煤制油、煤制气等现代煤化工产品的竞争力下降，化工行业耗煤量增长有限。在散煤利用方面，随着环境治理政策不断强化，“十四五”期间散煤将继续被清洁能源加快替代。整体上看，“十四五”期间煤炭消费总量将稳中趋降，占能源消费总量中的比重仍将持续下降。

三、石油消费增长将进一步放缓

我国石油消费已呈现增速和强度“双降”的特征。2010 年以来，尤其“十三五”期间，随着经济转向高质量发展、产业结构调整、交通运输方式进一步多样化，成品油消费增速下降，我国石油消费增速趋缓，在能源消费中的比重维持在 18% ~ 19%。

“十四五”期间，宏观经济社会发展对石油需求减弱、环境治理抑制石油消费增长、新技术和新业态发展等多因素作用将推动石油消费增速进一步放缓。其中，石油需求侧技术创新和商业模式创新不断涌现、替代能源加快发展，可能对石油需求产生高于普遍预期的、更为明显的冲击。在交通运输领域，一方面燃油经济性提高将减缓车辆保有量增长带来的石油需求的增加，另一方面电动汽车已被视为影响石油需求的主要因素，我国连续多年成为全球第一大新能源汽车市场，也成为全球电动汽车保有量最大的国家，对石油替代作用将不断增强。此外，一些新兴技术近年来蓬勃发展，展现出替代传统能源的巨大潜力。氢能作为高效多用途的能源介质已在国外开始探索规模应用，我国也已启动以风能、水能为电力来源的清洁能源制氢示范。可再生能源制氢可作为调节可再生能源电力出力的重要调峰手段，作为二次能源的氢能同样可直接应用于交通燃料，在难以实现电气化的重型卡车、航空、海运等消费领域，将与液化天然气（LNG）等一起形成对油品的替代。因此，“十四五”期间预计我国石油需求将维持增长态势，但增速将进一步放缓。

四、天然气和电力需求将持续较快增长

天然气是我国能源转型重要和现实的选择，需求仍将保持中高速增长。近年来，我国天然气消费量快速增长，在一次能源消费结构中的占比逐年提高。“十二五”时期，我国天然气年均增长12.4%，累计消费量约 8 300 亿立方米，是“十一五”时期消费量的 2 倍。“十三五”期间，在蓝天保卫战和“2+26”重点城市大气污染治理等政策推动下，天然气消费年均新增超过 300 亿立方米（见图 4–11），在一次能源消费中的比重年均增加 0.6 个百分点。“十四五”期间，考虑到煤改气规模增速放缓、相关补贴退坡、天然气发电成本疏导困难等因素，城镇燃气、工业、发电、化工、交通等主要领域天然气消费增长动力减弱。但是随着国际天然气市场

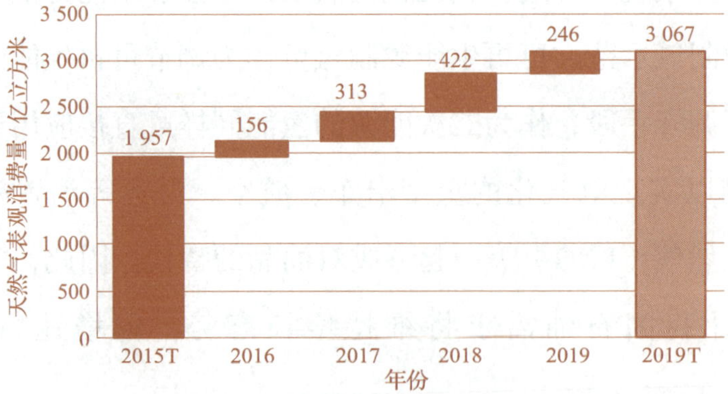

图 4–11　我国近年来天然气表观消费量增长情况

资料来源：根据国家能源局公布信息整理。

供大于求、价格保持低位，产供储销体系建设不断完善，又有利于扩大天然气消费规模。综合来看，"十四五"时期天然气消费将保持稳定增长趋势，但与"十三五"时期相比，政策驱动力减弱，增速将有所放缓，必须坚持走"市场驱动"为主的道路。

电力作为清洁能源的重要载体，需求将保持较快增长。近年来，随着经济的发展和人们生活水平的提高，全社会用电量快速增长（见图 4–12）。尤其"十三五"以来，电能替代政策的积极推进，新动能、新业态快速发展，居民消费升级、脱贫攻坚不断深入，电力消费增长快于预期，2016—2019 年年均增速 6.1%，年均新增电力消费量 3 830 亿千瓦时，电力消费弹性系数 0.92。受新冠肺炎疫情影响，2020 年我国电力需求增速可能出现一定下滑。随着疫情得到有效控制，国家 5G 等新基建工程的建设投运，将拉动

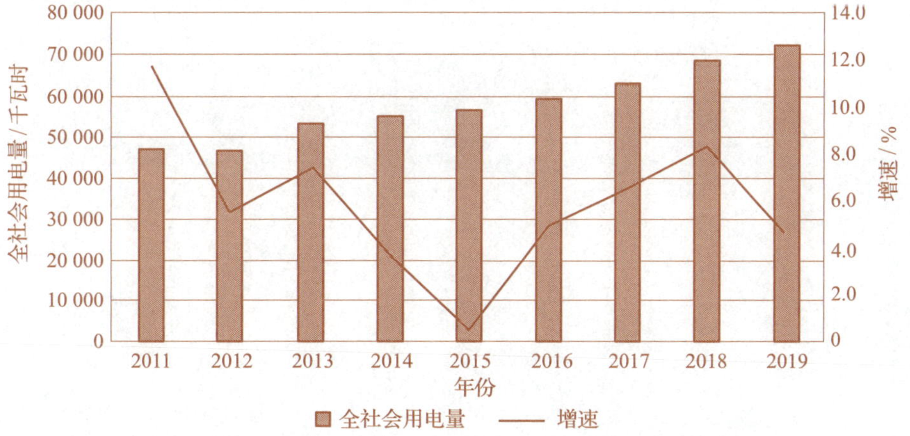

图 4–12 2011 年以来我国全社会用电量及增速变化

资料来源：根据中国电力企业联合会年度统计数据整理。

电力需求增长，并通过上下游联动效应，带动新兴制造业和服务业蓬勃发展，进一步带动电力需求增长，促进电气化水平的提升。自2011年起，我国电力消费总量已经超过美国，但人均用电量与发达国家仍有较大差距；而且从全球趋势看，终端电气化水平正不断提高，电能替代广度和深度正在增强。“十四五”期间，我国电力需求仍将保持较快增长态势。

第四节

区域和时段性供应紧张成为供需矛盾的主要方面

党的十八大以来，习近平总书记亲自谋划、亲自部署、亲自推动能源生产和消费革命，清洁能源发展速度之快、能源普遍服务水平之高、能源改革力度之大、取得的发展成效之显著是前所未有的。同时，以习近平新时代中国特色社会主义经济思想为指导，坚持危机意识和底线思维，推动构建能源产供储销体系，有效保障了能源安全供应和稳定运行。在取得发展成就的同时，必须清醒地看到，发展不平衡不充分问题突出，结构性、局域性、时段性矛盾依然存在。

一、东西部地区能源供需衔接匹配难度加大

改革开放以来，在我国外向型经济发展战略下，国家生产力布局和投资重心向东部沿海地区倾斜，能源消费也向东部沿海集聚。进入21世纪，针对区域发展差距日益扩大趋势，党中央提出了更加注重公平的区域协调发展战略。中西部地区发展开始提速，但东部地区仍然是我国经济活力所在，也一直是能源消费的重心所在，一次能源消费总量占全国比重始终超过40%。我国中西部地区能源资源禀赋较为丰富，加之东部地区能源资源开发潜力逐步缩小，中西部地区能源生产总量占全国比重不断提升，已从2000年的59.6%增至2017年的82.2%，其中西部地区产量占全国比重从25.0%增至37.7%。能源供需逆向分布格局不断强化，2000—2017年，东部地区能源产量和消费量缺口从4亿吨标准煤扩大到16亿吨标准煤以上，东北也从能源供需基本平衡扩大到2.3亿吨标准煤缺口，中西部地区则成为主要的能源生产地（见图4–13）。

为了保障地区间能源供需平衡，21世纪以来，我国陆续启动了重载铁路、大口径油气管网、特高压输电工程等世纪性重大能源输运基础设施建设，逐步形成了“西煤东运”“北煤南运”“西电东送”“西气东输”的能源资源大范围调配格局。近年来，随着煤炭去产能政策深入推进，我国煤炭供应呈现出进一步向西北地区集聚

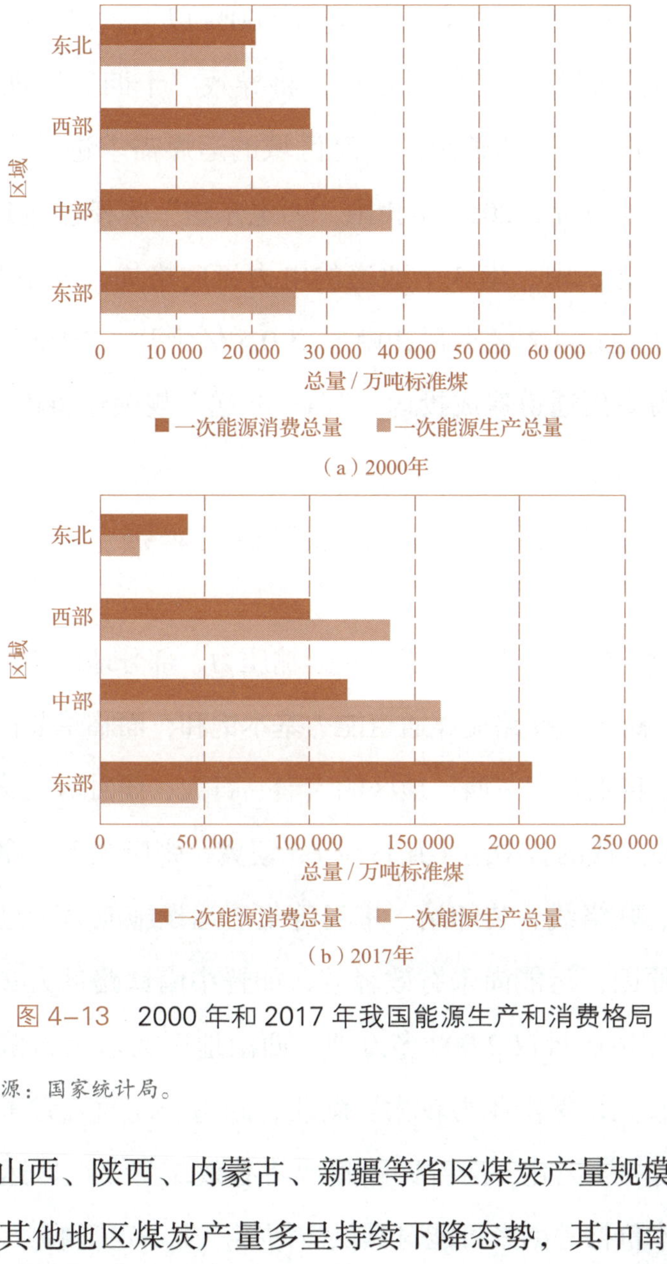

图 4–13 2000 年和 2017 年我国能源生产和消费格局

资料来源：国家统计局。

趋势，即山西、陕西、内蒙古、新疆等省区煤炭产量规模和占比持续增加，其他地区煤炭产量多呈持续下降态势，其中南方部分地区小煤矿关闭退出力度大，重庆、湖北、江西等省市煤炭产量大幅减少。为保障各地区煤炭供应，2019 年，我国铁路煤炭运输量完成 24.6 亿吨，占全国煤炭产销量的 60% 以上，煤炭跨省跨区调运规模巨大。煤炭供需格局变化，将导致“十四五”期间“西煤东运”“北煤南运”的长距离、跨区域的运煤需求进一步增加。远距离电力输送方面，2019 年我国“西电东送”规模已达到 2.4 亿千瓦，形成了北、中、南 3 个通道的电力流向格局，其中北通道 0.7 亿千瓦，中通道 1.2 亿千瓦，南通道 0.5 亿千瓦。“十四五”期间，随着新的特高压通道建成投运，“西电东送”规模还将进一步增加。

二、部分地区存在时段性煤炭供应紧张

煤炭供需格局变化增加了煤炭运输压力，部分地区煤炭运输存在瓶颈。主要跨区域铁路输煤通道能力基本饱和，面临季节性和区域性运力紧张。特别是“三西”地区的大秦、石太、侯月等铁路运能已趋于饱和；新建成的晋中南（瓦日线）、蒙冀、张唐线等铁路由于配套的专用线、联络线、装卸站、堆场等集疏运设施能力不足，以及运输组织等原因，运能尚未有效释放，如晋中南铁路运力 2 亿吨，但近年来年煤炭运量仅 2 000 多万吨。西南地区通道运力偏紧，煤炭调入困难较大，保供压力较大。湖北、湖南、江西三省每年共需调入煤炭超过 2.5 亿吨，浩吉铁路建成将有效缓解该地区运输瓶颈制约，但成本价格等因素可能对其供需衔接产生一定影响。

部分地区仍将存在时段性煤炭供应紧张。重庆、四川、贵州、云南四省市水电比重大、煤矿规模小、铁路运输困难，2018 年以

来煤矿关闭退出较多，在枯水期或遇到极端天气时，易出现用煤紧张。虽然湖南、湖北、江西三省铁路运能提高和“海进江”煤炭数量增加，煤炭保障的外部环境和条件得到了明显改善，但在迎峰度夏、度冬期间，电煤仍可能出现供应紧张的可能。

三、天然气和电力存在季节性、时段性供需矛盾

天然气供需仍存在季节性、时段性紧张风险。2017 年冬季受煤改气大幅增长和中亚气供应减少等因素影响，天然气供应出现紧张。近两年来，随着我国加快天然气产供储销体系建设，冬季天然气供应紧张局面得到显著缓解，供需衔接得到较大程度保障。天然气是推动我国能源转型的重要抓手，“十四五”期间甚至今后更长一段时期需求仍将保持快速增长，保障天然气供需平稳运行仍面临多重压力。一方面，我国天然气国内增产难以完全满足消费快速增长的需要，天然气季节性波幅过大，液化天然气接收站面临冬季接收能力不足、全年接收能力过剩的问题。另一方面，我国天然气进口陆路来源集中，起源地天然气开采基础设施老化、中亚—中国天然气管道途经国用气高峰期与我国重叠，境外管道长达 1 800 公里，气源、管道受突发性因素影响导致大规模减供、断供存在一定风险。加之国内天然气基础设施建设滞后，液化天然气接收站外输管网不完备，储气调峰设施能力不足，“十四五”期间一些地区仍有可能出现季节性、时段性供应紧张局面。

部分地区负荷高峰期出现供电紧张。近年来，我国电力供需形势总体平衡且偏宽松，但电力峰值特征愈加明显。如 2017 年夏季，全国日发电量最高峰值 211.22 亿千瓦时，比 2016 年高出 17.76 亿千瓦时，增长 9.18%，华东、华中区域电力紧张，华北区域京津唐、河北南网、山东出现电力缺口。2018 年迎峰度夏期间，华北地区电力供需形势紧张，最大电力缺口接近 1 200 万千瓦，其中京津唐电网、河北南网、山东电网均存在电力缺口。2019 年夏季，持续高温天气拉动全社会用电负荷急速攀升，天津、河北南网、山东、江苏、浙江、安徽、福建、湖北、河南、辽宁、蒙东、陕西、新疆 13 个省级电网最大用电负荷创历史新高，部分地区采取了有序用电措施加大需求侧调节力度。“十四五”期间及中长期，受地区经济发展和人民生活水平提升拉动，我国用电负荷仍将保持增长，特别是迎峰度夏期间空调负荷增长较快，若再叠加自然灾害或燃料供应不足等情况，将加剧部分地区电力紧张局面。

第五节

我国能源发展短板和瓶颈依然突出

发展不平衡不充分问题已成为能源领域主要矛盾，特别是油气资源保障、油气储备和调峰能力、电力系统灵活性、关键科技装备自主化等领域短板突出，严重制约能源高质量发展，这既是供给侧结构性改革的重要内容，也是建设现代能源体系的关键所在。

一、油气资源供应存在短板

我国油气资源储量少、品味相对较差、勘探开发成本较高，市场竞争力较弱。2019 年，国内常规石油开发成本在 40 美元 / 桶以上，常规天然气开发成本多在 1 ～ 2 元 / 立方米。随着资源开发，稠油、低丰度原油资源占比提升，开采成本不断增加，经济效益下降。2019 年我国国内原油年产量约 1.9 亿吨，储采比仅为 18 年左右，尽管不断加大国内勘探开发力度，但在当前技术、管理条件下，未来产量突破 2 亿吨需要付出巨大努力和经济代价。我国天然气生产能力近年来虽然增长较快，2019 年产量已增至 1 776.5 亿立方米，但是产量增长远不及消费增量，对外依存度仍持续快速扩大。我国天然气储采比仅 36 年左右，未来新增产量主要来自超深层、低渗致密、高含硫、火山岩等复杂气藏，勘探开发难度和成本明显加大。另外，致密气等非常规天然气受开发成本和激励机制不足制约，产量增速有限。预计中长期我国天然气产量有望超过 3 000 亿立方米，但是相比于国内需求仍有近一半的缺口。

油气资源勘探开发投入不足。除开发成本较高外，受国内油气领域勘探开发主体较少，区块退出和流转机制不健全、竞争性不够等因素制约，企业风险勘探积极性不高，部分区块勘探投入不足，石油天然气新建产能不足，产量增长乏力。而页岩气、煤层气等非常规天然气受综合勘探开发体制不顺、开采技术制约、开发成本高和激励机制不健全影响，企业投入积极性不高，产量增长缓慢。

二、油气储备和调峰能力发展滞后

石油储备体系建设面临诸多挑战。一是“储不足”，石油储备规模与保障国家能源安全和企业实际需求都有很大差距。我国石油储备规模与其他主要国家相比差距较大。二是“进不来”，石油储备主体单一。当前储备主体仅为政府和大型央企，财政压力大、扩能困难。一方面，政府储备资金由财政负担；央企储备由企业建设，财政通过定向返还所得税、注入储备库建设资金和石油采购收储资金等方式支持，投入巨大。另一方面，民营企业进入石油储备领域困难多，一些拥有储备能力的企业没有原油进口资质和配额，无法开展储备。国际上很多国家以商业储备为主（见表 4–6），企业按制度自行完成储备要求。三是“转不动”，政府石油储备动用机制不完善，难以发挥调控作用。美国等国家依托石油储备，不仅成功应对石油供应短缺，还能影响国际油价，进行能源博弈。我国石油储备动用机制尚未完全形成制度化安排，无有效运用经验，更难以实现灵活运转，主动影响石油市场的策略也未涉及，战略石油储备的宏观调控作用难以发挥。

表 4–6　2019 年 12 月部分国家石油储备情况

国家	总量	商业储备	战略储备
美国	690	416	274
德国	122	31	91
法国	110	31	79
意大利	138	127	11
英国	279	279	0
日本	191	79	112
韩国	184	95	89

资料来源：IEA。

注：数据单位为“相当于石油净进口量的天数”。

天然气储备调峰体系建设较为滞后。天然气消费季节峰谷差大，华北地区平均超过4∶1，相应的储气设施和调峰能力建设严重滞后。在储气设施方面，受限于体制机制不完善、建设运营投资大、支持政策不足、储气调峰价格机制难以有效发挥作用等问题，我国地下储气库建设滞后，液化天然气接收站未充分发挥调峰能力，上游供气企业、城市燃气企业、地方政府储气能力不足。同时，管道互联互通能力有限，调度运行和调峰成本补偿机制不健全，每到冬季呈现南松北紧局面，迎峰保供难度大，华北地区供需矛盾突出。此外，油气管道系统庞大，储运工艺复杂，线路长，沿线区域自然条件多样，地质灾害频发，被人为挤压、占用和第三方破坏严重。

三、电力系统灵活性亟待提升

随着风、光可再生能源装机规模的爆发式增长，风电和光伏发电固有的间歇性和波动性给电力系统稳定运行带来了巨大挑战。电力系统灵活性成为与系统可靠性、经济性并列的电力系统重要特征。电力系统灵活性是指在电力供需发生变动时系统保持供需平衡的应对能力，灵活性资源分布于发电侧、电网侧和用户侧，随着技术的快速发展，储能也成为电力系统极为重要的灵活性来源。

我国电力系统灵活性资源较为充足，但潜力尚未被充分挖掘。

从电源侧看，煤电和水电是当前我国发电侧主要的灵活性资源，其中我国煤电装机容量超过 10.4 亿千瓦，约占总装机容量的 52.0%，但煤电机组的最小出力、爬坡速率、启动时间等灵活性参数远落后于德国等电力系统灵活性发达国家。特别是热电联产机组，我国冬季“以热定电”的运行方式更是严重影响了系统灵活性的发挥，而德国等国热电联产装机占比超过 50%，通过热电解耦等改造已成为系统灵活性的主要提供者（见图 4–14 和表 4–7）。

图 4–14 电力系统灵活性涉及的资源和机制

表 4–7 德国和中国灵活性资源对比

灵活性资源	德国	中国
电源侧	除了火电和抽水蓄能外，核电也被视为是可控电源；灵活性最差的褐煤机组最小稳定出力也可下降到 30% ~ 50%，爬坡率达到每分钟 2% ~ 6%，热启动和冷启动时间分别为 1.25 ~ 4 小时和 5 ~ 8 小时	煤电和水电是主要的灵活性资源；煤电机组最小出力通常设定在 50% ~ 90%，爬坡率为每分钟 0.5% ~ 1%，热启动一般在 3 ~ 5 小时，冷启动时间达到 72 小时；热电联产（CHP）机组冬季按照“以热定电”原则运行

续表

灵活性资源	德国	中国
电网侧	与 9 个邻国开展实时跨国电力交换；采用 GORE 原则发展电网，即首选电网运行优化，其次电网改造，最后电网扩建	跨省跨区输电线路主要担负送电及应急支援，主要以省或区域为单位进行电网优化和改扩建
用户侧	“降低负荷”“提升负荷”需求响应资源潜力巨大；参与灵活性服务的主要是工业用户	最大负荷削减和可中断负荷资源潜力巨大，以“有序用电”等行政型需求侧管理为主
储能方面	境内抽水蓄能 680 万千瓦，境外 300 万千瓦；电池储能、压缩空气以及电制化学品均实现快速发展	抽蓄装机 3 029 万千瓦；电池储能、压缩空气储能以及电制氢项目规模较小，均处于示范阶段

从电网侧看，我国已经建立起了较为完善的各级电网，大容量、远距离跨省、跨区输电线路不断发展，近年来为保障供电可靠性支付的辅助服务补偿费用也不断增加，但我国跨省、跨区输电线路当前主要承担“迎峰度夏”“迎峰度冬”负荷高峰时段应急支援的作用，跨省跨区灵活性互济能力尚未得到大规模有效释放。从用户侧看，我国用户侧灵活性资源具有极大潜力，在工业、建筑、交通等领域已经得到了一定应用，但我国灵活性资源以“有序用电”等需求侧管理为主，当前灵活性资源利用程度仍然不高。从储能发展看，我国已建成抽水蓄能电站超过 3 000 万千瓦，而电池储能、压缩空气储能以及电制氢等其他类型储能尚处于示范阶段，装机规模较小，尚缺乏商业化运营模式。

灵活性相关机制缺位，无法激发灵活性资源活力。从调度运行看，我国现行的电力调度模式尚难以激发各类灵活性资源主动参与系统平衡调节的积极性，导致现有发电机组不愿意向电网系统主动提供容量备用、调峰调频等服务。从需求侧管理看，现有的《有序用电管理办法》(发改运行〔2011〕832号)等机制对于被迫限制用电，甚至停电的用户尚未形成合理的经济补偿，并未有效激发需求侧资源的潜力。从电价机制看，分省份电源类型标杆上网电价模式，不能及时反映当前备用资源的稀缺程度，也难以引导电源与负荷的投资，实现系统灵活性资源的优化配置。从辅助服务看，随着我国并网发电厂辅助服务管理和运行管理有关规定出台实施，承担辅助服务较多的发电企业能够获得一定补偿，在一定程度上提高了发电企业提供辅助服务的积极性，但补偿力度不够，尚无法激励多方参与系统调峰，辅助服务成本分摊及回收机制有待改进，对于非旋转备用的补偿不足。

综合来看，我国发电侧煤电机组尚有超过2亿千瓦的灵活调节能力未被释放，电网侧跨省、跨区灵活互济能力超过3 500万千瓦未能有效利用，需求侧资源距离欧美发达国家最大负荷10%左右的利用率尚存在较大差距，化学储能更是发展较缓，同时灵活性资源的市场化机制尚未建立，“十四五”将是电力系统灵活性提升的关键窗口期。随着可再生能源继续快速增长，电力系统稳定性将面临更大挑战，灵活性需求巨大。一方面，风电、光伏发电的大规模接入，将对煤电灵活性、电网灵活运行、需求侧管理、储能发展等提出更高要求，必须继续推动煤电灵活性改造、电网低碳调度，大力发展需求侧管理和储能产业。另一方面，随着分布式可再生能源规模快速扩大，用户反向电力潮流也将极大影响电网的安全稳定，必须进一步研究新形势下电网运行方式，加快电网智能化升级。

四、能源关键科技装备仍然依赖进口

我国能源科技水平有了长足进步和显著提高，但是与建设世界能源科技强国和引领能源革命的要求相比还有较大的差距。我国能源部分核心技术仍落后于国际前沿水平，关键装备、材料、零部件、专用软件依赖进口问题比较突出，能源科技创新能力需进一步提高。

油气领域中勘探开发环节，地质建模技术、微地震监测、油藏数值模拟技术、储层精细改造技术、地质工程一体化决策技术等依赖进口，高端工程技术及装备与国际先进水平存在代际落差，数字检波器、耐高温高压传感器、智能芯片、旋转导向工具、深海工程装备等关键技术，以及先进的非常规油气开采装备等依赖进口。油气炼化环节，加工深度、关键装置、炼化一体化等方面与国外先进工艺差距较大，其中大型乙烯成套技术、大型催化重整装置、丙烷脱氢装置、炼化工艺过程模拟软件等技术和产品主要靠国外引进。管道环节，部分设备及部件尚未实现国产化，燃驱压缩机组涡轮转子及导向叶片、压气机叶片、燃烧室等部件还依靠进口，管道设计、仿真优化及调控运行软件仍以国外产品为主，管道高端内检测工作尚无法全方位自主开展，部分管道建设及维修、抢修技术装备，以及现有大批存量进口设备售后维修服务仍依赖国外厂商。

电力领域中核电部分技术、设备、关键配套件和原材料依赖进口。燃气轮机产业一直没有形成完整的产业链，燃气轮机核心技术、备品备件和维修服务等依赖进口，燃气轮机产业难以实现自主发展，已经成为影响我国能源安全和制造业高质量发展的重要因素之一。风电行业尽管已经建立了机组、零部件和相关配套设备的自主研发和制造能力，但是局部存在一些尚未全面国产化、依赖进口且渠道单一的底层部件和软件。其中，既包括工业通用芯片、工业通用软件，也包括风电行业的应用技术类高承载、高性能轴承、变流设备中的核心部件等依赖进口。

总体上看，“十四五”时期及未来一段时期，我国必须不断探索构建社会主义市场经济条件下关键核心技术攻关新型举国体制，加大能源科技创新的投入力度，尽快补齐相关领域的明显短板，消除制约我国能源高质量发展和建设现代能源体系的潜在风险。

第五章

以习近平新时代中国特色社会主义经济思想为指导做好“十四五”能源发展工作

“十四五”时期是我国在全面建成小康社会基础上，乘势而上开启全面建设社会主义现代化国家新征程的第一个五年。做好“十四五”能源发展工作，必须要以习近平新时代中国特色社会主义思想为指导，深入学习贯彻习近平新时代中国特色社会主义经济思想，全面贯彻党的十九大和十九届二中、三中、四中全会精神，牢固树立创新、协调、绿色、开放、共享的发展理念，立足全球视角、长远视野、全局角度，推进能源生产和消费革命，构建清洁低碳、安全高效的能源体系，着力保障国家能源安全、推动能源清洁低碳转型、提高能源行业市场活力和国际竞争力，为实现现代能源体系建设目标打下坚实基础。

第一节

能源发展总体要求

“十四五”是党的十九大确定新时代“两步走”发展战略的第一个五年规划期，做好“十四五”能源发展工作，必须分析我国能源发展的基础和现状，梳理能源发展存在的问题和矛盾；统筹国内国外两个大局，研判“十四五”时期我国能源发展所处的阶段性特征以及能源各品种所处的发展阶段；立足国内，全方位加强国际合作，有效利用国际资源，实现开放条件下的能源安全，进而明确“十四五”时期我国能源发展的定位以及现代能源体系建设的思路、目标和主要任务。

一、总结能源发展基础和分析内外形势，明确发展定位

全面分析我国能源发展的基础是做好“十四五”能源发展工作的先决条件。改革开放特别是党的十八大以来，我国能源发展取得显著成就，保障能力持续增强，能源结构明显改善，基础设施网络不断完善，科技装备水平显著提升，关键领域改革持续深化，能源发展质量和水平明显提升。这些能源发展取得的巨大成就，为做好“十四五”能源发展工作奠定了坚实基础。

准确把握国内外能源发展形势是做好“十四五”能源发展工作的前提。从国际看，全球能源供需版图深刻变革，能源治理格局更趋复杂，从而产生长期而深远的影响，我国能源安全风险加大。从国内看，现代化强国建设对优质能源和安全供应提出更高要求，风电、光伏发电等可再生能源达到历史性拐点，清洁能源将逐步成为增量主体，有望实现对化石能源的加速替代。

二、梳理能源发展问题，明确主要思路

准确梳理能源发展存在的问题和矛盾，坚持目标导向、问题导向、效果导向，提出“十四五”能源发展的主要思路。我国能源领域发展的主要矛盾已经发生显著变化，从努力满足需求、解决“有没有”，转变为满足人民美好生活需要、解决“好不好”“绿不

绿”。“十四五”能源发展必须聚焦这一主要矛盾变化特征，紧紧抓住可再生能源成本优势逐步凸显的战略机遇，持续推动能源革命。同时，还要清醒认识到，我国能源供需衔接、能源基础设施可持续发展、能源体制改革、能源科技创新、能源国际合作等环节也都存在一定的问题和矛盾，必须抓住这些矛盾中的主要方面，提出针对性举措。“十四五”时期，必须以习近平新时代中国特色社会主义思想为指导，有效化解主要矛盾，重点破解各类矛盾的主要方面，科学提出“十四五”现代能源体系建设的主要思路。

针对我国高碳能源结构、较高油气安全风险以及区域能源发展不平衡的问题，“十四五”时期要进一步优化能源结构和布局。在能源结构上，要努力保持煤炭消费持续下降趋势。同时，要优化煤炭生产地布局，保障主要煤炭消费区的煤炭供应。要统筹国内国际两个大局，稳定国内原油产能，用好国际市场，保障石油供应。要大力发展清洁能源，稳步扩大天然气的生产和进口能力，采取集中式和分布式并举方式发展风电和光伏产业，加快电能替代的步伐，把水电、风电和光伏发电开发作为促进西部经济发展的新动力源。

推动能源基础设施可持续转型。2050 年我国能源系统将发生巨大转型，而能源基础设施具有生命周期长、路径锁定效应强的特点。如何既满足当前形势需求，又能适应未来能源系统绿色低碳发展要求，尽可能避免大量资产搁置，“十四五”时期能源基础设施如何科学布局非常关键。此外，在新形势下，能源跨界融合发展方式层出不穷、方兴未艾，许多新技术、新模式、新业态不断涌现，新型能源基础设施发展需要更加注重创新融合。这既是时代的新要求，也是拉动庞大能源投资市场，形成巨大绿色经济增长点和绿色新动能，推动绿色低碳高质量发展的重要领域。

三、预测能源供需结构变化，构建指标体系

准确预测能源供需结构性变化，是构建适应“十四五”能源高质量发展的指标体系的前提条件。一方面，随着我国向高收入国家行列迈进，能源需求正加快低碳化、电气化、智能化升级，工业、建筑、交通等主要领域用能结构将发生显著变化，三者之间的比重关系也将随之调整。另一方面，随着供给侧结构性改革的深入推进，能源供应结构也在深刻变化，清洁能源比重将持续提升，化石能源供应布局和结构也在不断调整。更重要的是，经济、产业、能源、环境大系统的结构变化，能源供需之间的有效衔接，需要综合性研判和进一步的分析预测。只有全面把握这些结构性变化，才能建立有效指导和评价“十四五”现代能源体系建设工作的指标体系。因此，“十四五”的能源发展应该更注重结构调整和布局优化，这样才能更加有效地控制住“总量”。

四、研判能源品种发展阶段，提出发展目标

准确研判能源各品种所处的发展阶段，才能提出“十四五”能

源的具体发展目标。党的十八大以来，我国能源各品种一改“齐头并进”的发展局面，呈现分化态势，其中煤炭已处于峰值平台，石油增速不断趋缓，天然气、非化石能源等发展迅速。展望“十四五”，这一趋势将得以延续，煤减、油稳、清洁能源继续增长的特征将更加明显，甚至一些地区煤炭消费将不断下降、石油消费率先达到峰值。研究提出“十四五”能源的具体发展目标，必须要对能源结构演变的内在逻辑和能源各品种所处的发展阶段有准确的认识和判断。制定“十四五”现代能源体系建设的具体目标，要坚持新发展理念，始终把“绿色、安全、经济”作为发展方向。

五、坚持清洁低碳、安全高效，加快构建现代能源体系

“十四五”期间，必须贯彻落实习近平总书记对能源发展的总体要求，坚持清洁低碳、安全高效的总方针，把握“四个革命、一个合作”的总方向，推动我国现代能源体系建设迈上新台阶。

一是全面建设现代能源供给体系。深化能源领域供给侧结构性改革，强化生态环境保护红线约束，持续淘汰粗放低效、安全隐患大的落后产能，为清洁能源培育发展留足空间。推动风电、光伏发电等清洁能源持续快速发展，推进生态友好型水电开发和核电安全高效发展，强化煤炭和油气绿色高效开采，加大非常规油气资源开发力度，推进能源基础设施智能化升级改造和跨界融合发展，以优质能源供给保障经济社会发展需要。

二是大力构筑现代能源消费体系。坚持节约优先，把节能贯穿于经济社会发展全过程和各领域，推行国际先进能效标准和节能制度，加强能源系统集成优化和效率提升，努力构建节能型生产消费体系，加快建设能源节约型社会。满足人民日益增长的美好生活需要，把握产业结构升级和居民消费升级的新趋势，加快工业、建筑、交通等各用能领域电气化、智能化发展，切实提升终端用能清洁低碳、智能高效水平。

三是加快培育现代能源科技创新体系。紧紧把握世界能源技术变革方向，强化能源领域原始创新、集成创新和引进消化吸收再创新，持续提升既有能源系统创新能力和技术水平，积极培育能源新技术、新模式、新业态，充分发挥能源科技创新对现代能源体系的支撑和塑造作用。不断完善能源科技创新制度，健全政产学研用协同创新机制，搭建能源科技创新平台，加大能源科技人才培养和政策支持力度，激发各类主体技术创新活力，全面提升能源自主创新能力。

四是深入构建现代能源治理体系。深化电力体制改革，加快推进油气体制改革，优化能源市场结构，健全能源市场交易体系，完善市场决定价格机制，建立统一开放、竞争有序的现代能源市场体系，进一步激发能源领域市场活力和创造力。深化能源领域“放管服”改革，加快能源法治体系建设，强化政府宏观管理和服务职能，健全能源监管体系，建立以法律法规、战略规划、政策标准和监管服务为主的现代能源治理框架，进一步推进能源治理体系和治理能力现代化。

五是持续打造现代能源国际合作体系。继续扩大能源对外开放，坚持引进来和走出去并重，着力推进“一带一路”能源国际合作，加大能源基础设施互联互通力度，打造安全有韧性的国际能源产业链条，确保我国能源安全供应和我国能源企业参与国际公平竞争。深度参与国际能源治理合作与治理体系变革，全面融入全球能源合作、联合国可持续发展议程、应对气候变化国际合作等体系，积极倡导区域能源治理，努力成为全球能源合作的重要参与者、贡献者和引领者。

第二节

坚持清洁低碳发展

推动清洁低碳能源发展和化石能源清洁发展，是改善能源结构、保障能源安全、推进生态文明建设的重要任务，是现代能源体系建设的重中之重。必须贯彻新发展理念，倡导绿色、循环、低碳的生产生活方式，加快推动能源清洁低碳转型。

一、推动非化石能源持续快速增长

近年来，我国各类非化石能源发展迅速。2019 年，我国水电、风电、光伏发电等能源种类累计装机规模均居世界首位，在建核电站规模也居世界首位，是世界上最大的非化石能源开发利用国，也为全球共同应对气候变化作出了重大贡献。各类新能源发电、储能、电动汽车、能源物联网等也成为绿色投资和经济增长点，成为经济高质量发展的重要组成部分。随着技术进步和成本持续下降，“十四五”期间可再生能源产业将摆脱补贴依赖，成为我国培育新动能、推动绿色发展最具潜力领域之一。进一步加大非化石能源发展力度，是我国大力推进生态文明建设、推动绿色循环低碳发展、应对气候变化的主动选择。

“十四五”时期，我国大力推动非化石能源发展的重点方向和政策着力点为：

一是稳妥推动水电、核电等非化石能源发展。贯彻生态保护优先，统筹协调水电建设与电网建设进度，创新水电开发和运行机制，有序推进水电基地建设和电力有效消纳。统筹移民安置和市场需求，稳妥推进重点区域和重点河流的生态友好型大型水电建设，有序扩大“西电东送”规模。健全龙头水库水电开发支持政策体系，建立定量补偿效益协调机制，研究电量保障全额消纳政策，体现龙头水库资源价值。坚持安全为先，稳妥推进核电发展，加快开工建设一批沿海核电项目，积极开展小型堆示范与应用，统筹核电全产业链协调发展，促进核电装机规模稳步增长。

二是集中式和分布式并举推动风电和光伏发电发展。优化风电开发布局，积极发展海上风电，稳步推进大型风电基地建设。在实现与生态协调基础上，加快中东部地区分散式风电平价上网项目的发展。高标准建设生态环境友好型风电场，加快推动分散风能资源开发。持续扩大光伏发电规模，拓展应用模式、推广光伏多元化利用，推动分布式光伏发展。大力推进西部大型光伏电站和水、光互补项目发展，稳步推进太阳能热发电规模化发展。结合泛在电力物联网发展、储能、直流配电等技术应用，使分布式光伏更高效、更便捷地接入电网和能源消费端。

二、形成风电、光伏发电经济高效利用机制

2015年以来，伴随风电、光伏发电的快速发展，风、光的大规模开发与利用已成为西部经济发展新的动力源，与此同时，电网的消纳问题逐渐显现。2016年全国弃风、弃光电量超过500亿千瓦时，西北地区弃风、弃光率更是超过20%。随后，国家制定了一系列政策，推动风电、光伏发电成本不断下降的同时，也进一步保障了风、光消纳，2019年我国弃风、弃光率已经降至合理范围。“十四五”期间，我国风电、光伏发电还将保持较高的发展速度，如何提升电力系统调节能力，破除制约风电、光伏发电高质量发展的瓶颈，是“十四五”期间进一步推动清洁能源发展、加快能源清洁低碳转型亟待解决的关键。

“十四五”时期，我国推动风电、光伏发电经济高效利用的重点方向和政策着力点为：

一是继续推动风电、光伏发电成本持续降低。制定促进风电、光伏发电技术创新的管理政策，以技术进步带动风电、光伏发电成本降低，提升风电、光伏发电的市场竞争力。

二是提升风电、光伏发电本地消纳能力。积极拓宽绿色电力应用领域，提升制造业电气化水平，提升化石能源替代；推进电气化铁路运输网络建设，加快推广普及电动汽车；提高工业园区、民用和商业建筑等分布式光伏普及程度；强化需求侧管理，积极推广能效电厂、需求响应、电能替代等，探索发挥电动汽车等生产生活充放电设施在调峰方面的作用。

三是提高电力系统灵活性。按照国际领先标准加快推动燃煤机组灵活性改造，鼓励燃煤机组增加高效储能装置。充分利用不同省区用电负荷、可再生能源发电的错时特性，打破利益壁垒推动电网开放共赢，建立适应风、光电力特性的优先调度运行体系。推动储能成本进一步降低和多元利用，开展“风电＋储能”“光伏＋储能”“分布式＋微网＋储能”“大电网＋储能”等发储用一体化的商业应用。加快技术创新，大力发展智能化需求侧管理，加大“能效电厂”应用，推动“能效电厂”真正成为电力规划、运行调节等的重要资源。

四是完善风、光利用体制机制。深入研究平价时代的市场交易模式、市场规则等，提高政府管理水平，处理好风、光电力平价过渡时期政策衔接。完善消纳保障机制、绿证政策机制，通过指标引导方式创造持久市场需求。加快电力领域市场化改革，发电侧通过制定辅助服务价格机制，激发储能和火电参与系统调节的积极性。通过用户侧分时、峰谷、可中断等价格手段，鼓励用户开展需求侧管理，鼓励分布式发电、电动汽车和电网互动（V2G）、储能等措施应用，引导用户分担系统压力的同时减少用电成本。提高电网侧跨省跨区清洁能源电力外送电量比例，充分利用市场手段引导区域电力互济流动（见图 5–1 和图 5–2）。

图 5–1　新能源进万家

图片来源：王家林。

图 5–2　正泰江山 200 兆瓦林农光互补电站

图片来源：浙江正泰新能源开发有限公司。

三、积极控制煤炭石油增量

长时间高强度的高碳化石能源开发利用是造成我国生态环境损害的重要原因。煤炭开发造成西北地区大范围的水土流失，石油开发造成华北地区地下水位下降。我国大气污染物绝大部分来自化石能源燃烧，中部、东部地区过高的煤炭消费密度是雾霾产生的重要原因，大气污染防治攻坚进一步要求能源结构清洁化。我国超过80%的二氧化碳排放来自高碳化石能源燃烧。再者，随着我国石油需求持续攀升，石油对外依存度已超过70%，尽管当前国际石油供应过剩、价格大幅下跌，但是复杂多变的国际环境对我国石油供应安全提出严峻考验。“十四五”期间，强化煤炭减量替代，有效控制石油消费增长，将是统筹应对能源安全保障、生态环境保护和温室气体减排的关键举措。

“十四五”时期，我国控制煤炭消费、抑制石油增量的重点方向和政策着力点为：

一是推动煤炭消费稳中趋降。一方面，继续强化京津冀、长三角、汾渭平原等大气污染防治重点区域煤炭减量替代。对民用散煤持续加大清洁替代力度，民用散煤治理环境效益好、民生改善益处大，应强化农村建筑节能改造，建立长效机制推动民用散煤可持续削减。对工业锅炉用煤，既要加大结构调整力度，淘汰中小燃煤锅炉，又要提升管网设施服务能力，推动工业企业开展锅炉煤改气、煤改电。对炼焦、钢铁、建材等冶金用煤，主要依靠产业结构调整减少煤炭消耗，同时在陶瓷、玻璃生产中推进清洁能源替代煤炭。另一方面，加强规划指导约束作用，严控各地新增煤电产能，提前规划布局并稳妥推进现代煤化工项目示范。研究清洁能源发展与煤电协调健康发展机制，进一步推进煤电灵活性改造，增强煤电调峰能力，适当延长部分煤电机组的寿命。

二是有效抑制石油消费增长。构建以公共交通为骨架的城市交通运输体系，大中城市要建成完善的轨道交通系统和公交出行系统，小城市在公共出行的基础上配合慢行交通方式和电动私家车，实现城市出行的低碳化。探索特大型城市在核心区拥堵收费、停车收费改革等措施，提高私家车出行的成本。引导社会形成“小而美”“小而精”的汽车消费理念，鼓励汽车厂商为消费者提供更多精致微型车型选择。加快发展电动汽车，强化电动车科技研发，重点突破高性能动力电池、电机等关键零部件和材料核心技术，提高安全性和可靠性。鼓励电动车的示范和产业化发展，适度超前建设充电桩网络，鼓励民营资本进入充电桩行业和小区配电线路改造领域，推动发展电动汽车产业和市场，加大电能替代石油的力度。推广天然气车船和生物质液体燃料，对重型卡车和船舶等运输工具重点推广天然气和生物质液体燃料，因地制宜适度推广乙醇、生物柴油等生物质液体燃料。借助新技术、新模式降低交通运输工具能耗，鼓励汽车共享公司和租车业务发展。

四、处理好优化存量和有序增长的关系

经过多年发展，我国能源生产总量和消费总量均居世界第一位。2019 年，我国能源生产总量达 39.7 亿吨标准煤，能源消费总量高达 48.6 亿吨标准煤，占世界比重均超过 20%，同时也形成了巨大的油气开采、煤炭开采、煤电、水电、风电和光伏发电等固定资产，规模位居世界第一。展望“十四五”，我国能源开发和利用强度还将一步提升，增量规模将高于世界平均水平。

“十四五”期间，必须处理好优化存量和有序增长的关系，在确保能源供给安全的基础上，稳住化石能源的供给、实现清洁能源增量替代，同时发挥出已有能源设施的最大效用。要利用好能源供需总体宽松的形势，继续将优化能源结构摆在优先位置，坚定清洁低碳发展方向，持续加大清洁能源发展力度，继续降低煤炭等高碳化石能源开发利用比重，继续降低能源落后低效产能比重。同时，要进一步提升煤电机组提供辅助服务的灵活性，在降低煤电机组运行小时和减少煤炭消费量的同时保障煤电的经济性，从而在保障电力系统稳定性的基础上为可再生能源发展腾出更大的发展空间。

▌第三节▐

坚持安全高效发展

能源安全对国家繁荣发展、人民生活改善、社会长治久安至关重要。面对能源供需格局新变化、国际能源发展新趋势，必须审时度势，借势而为，实行更加积极主动的开放战略，把握好能源安全与系统效率的关系，协同保障能源安全高效发展，夯实现代能源体系建设的基础。

一、发挥好煤炭的基础性作用

我国的资源禀赋特征决定了长期以来煤炭在我国能源结构中的主导地位。近年来，随着清洁能源技术不断发展，煤炭在我国能源结构中的比重持续下降，2019 年已降至 57.7%。但是煤炭产业仍然是中西部一些地区重要的支柱产业，对当地的产业结构和经济发展具有重要的支撑作用。另外，天然气、风电、光伏发电等清洁能源供应要占据主导地位还需要一个长期的过程，成为国民经济的支柱产业也尚需时日。因此，“十四五”期间必须继续发挥好煤炭在能源供应体系中的基础性作用，深化供给侧结构性改革，推动煤炭产业高质量发展，坚实保障国家能源安全，有力促进区域协调发展。

“十四五”时期，我国煤炭领域供给侧结构性改革的重点方向和政策着力点为：

一是根据科学产能要求优化煤炭产能规模和生产布局。完善煤炭“科学产能”评价方法，有效指导区域煤炭开发规模与布局，不断提升科学产能的比例。继续关闭淘汰落后小煤矿，以及与保护区等生态环境敏感区域重叠、安全事故多发的煤矿。以提高质量和效益为核心，发展工艺先进、生产效率高、资源利用率高、安全保障能力强、环境保护水平高的科学产能，保障煤炭长期稳定供应。根据煤炭资源赋存条件，切实做到压减东部、稳定中部、合理开发西部。重点解决晋陕蒙宁甘区域和新疆地区煤炭生产与生态环境、水资源和运输的协调问题，根据科学产能控制煤炭开发规模。

二是推动煤炭绿色开发和智能化生产。严格以绿色化无害生产和煤矿区生态修复治理为标准，大力推进煤炭行业的绿色化生产水平，建设绿色矿山。建立煤矿清洁生产评价体系，因地制宜推广充填开采、保水开采、煤与瓦斯共采等绿色开采技术。加强煤矿生产的智能化改造，建设智能矿山体系。做好传统煤炭产业与新产业的转换衔接，推进采煤沉陷区治理利用，利用采煤沉陷区、关闭退出煤矿工业场地发展风电、光伏发电、现代农业等产业。

二、补齐战略储备和应急调峰能力短板

“十四五”期间，面对世界百年未有之大变局，国际能源安全形势将更加复杂多变，对我国能源安全态势将产生多种可能影响。面对新形势、新挑战，必须强化底线思维和风险意识，统筹应对传统和非传统能源安全风险，补短板、强弱项，坚决守住能源安全底线，夯实以我为主的安全基线，确保国家发展大局稳定。

“十四五”时期，保障国家能源安全重点是补齐关键短板，主要着力点为：

一是建立分层级安全应对机制。做好不同情形下的预测、规划，建立国家能源安全分层级预警应对机制。密切跟踪热点地区能源地缘政治变化，综合研判事态演进，分层级进行应对。建立健全涵盖国家、部门、地方以及重点供能用能企业的分层级分领域能源安全预案体系，制订分层级应急预案，明确不同级别启动条件和应急调节次序。

二是提升和保持油气自我供应能力。深化改革，放开准入，广泛引入社会资本和技术，稳妥吸引外资进入上游勘探开发领域，促进国内油气增储上产，根据新探明资源可进一步提升产量。同时，因

地制宜，巩固和提升煤制油气技术创新储备，维持一定规模的产能，有效保障各种情形下的能源安全。

三是增强油气战略及应急储备能力。完善油气储备法律体系，将油气安全纳入法制化轨道。创新石油储备管理体制和管理方式，提升国家战略储备和商业储备整体水平，在国际油价较低的情况下，可以迅速增加储备；在国际油价较高时，可以释放储备稳定国内市场。进一步明确地方政府、上游供气企业、城燃企业和大工业用户的储气设施建设主体责任，加快建立与国内天然气市场需求相适应的多层次天然气应急储气体系。推动区域油气储备设施共建共享，协同保障区域能源安全。

四是提高应对非传统能源安全风险能力。构建电网安全综合防御体系，强化电力系统信息安全防控，提高“网络攻击”防范能力。增强油气管网安全运行能力，完善油气管网联防联控长效机制及应急处置预案。提升对各类突发事件的防范能力，保障国际国内能源供应链安全。

三、把握生产安全与系统效率的关系

我国能源系统效率较低。为了确保安全，供应能力大都按照满足最大负荷需要设计，造成系统设备利用率持续下降，也导致行业经济效益大幅下滑，甚至出现亏损局面。电力、热力、燃气等不同供能系统集成互补、梯级利用程度不高，既未能有效发挥能源系统节能潜力，又不能发挥协同保安全的作用。处理好能源生产安全和能源系统效率的关系，协同推进系统效率提升和生产安全保障是未来能源系统发展的关键着力点。

“十四五”时期，必须把握好能源生产安全与能源系统效率的关系：

一方面，以构建电力系统灵活调峰能力为重点，加快大型抽水蓄能电站、龙头水电站等优质调峰电源建设，适度建设天然气调峰电站，加大既有热电联产机组、燃煤发电机组调峰灵活性改造力度，改善电力系统调峰性能，减少冗余装机和运行成本，提升系统安全运行水平。

另一方面，强化能源系统集成、安全高效发展。加强热、电、冷、气等多能源生产耦合集成和互补利用，在新城镇、新工业园区、新建大型公用设施、商务区等新增用能区域，实施终端一体化集成供能工程，因地制宜推广天然气热电冷三联供、分布式再生能源发电、地热能供暖制冷等供能模式。推进能源综合梯级利用改造，在既有工业园区等用能区域加强余热余压余气、工业副产品、生活垃圾等能源资源回收及综合利用。

四、提升开放条件下能源安全水平

经济全球化是不可逆转的历史大势，为世界经济发展提供了强劲动力。回顾历史，开放合作是增强国际经贸活力的重要动力。立足当前，开放合作是推动世界经济稳定复苏的现实要求。放眼未来，开放合作是促进人类社会不断进步的时代要求。要坚定不移推动经济全球化朝着开放、包容、普惠、平衡、共赢的方向发展，推动建设开放型世界经济。未来中国经济实现高质量发展也必须在更加开放的条件下进行，中国开放的大门不会关闭，只会越开越大。全方位加强国际合作，有效利用国际资源，实现开放条件下的能源安全。同时，要牢固树立安全发展理念，加快完善安全发展体制机制，补齐相关短板，维护产业链、供应链安全，积极做好防范化解重大风险工作。

“十四五”时期，我国能源国际合作的重点方向和政策着力点为：

一是继续深入对外开放合作，做好资源安全保障。“十四五”时期，我国油气资源对外依存度仍将提升。在纷繁复杂的国际形势之下，国际能源生产和运输安全面临较大不确定性，我国应积极维护国际能源市场稳定，加大能源领域投资，提升全球能源供应能力。特别是在共建“一带一路”倡议框架下，继续深化与沿线国家的能源务实多元合作，巩固和加强与中东、中亚—俄罗斯、非洲等地区的能源合作，开展大能源全产业链合作，重点聚焦油气勘探开发、管网互联互通等，增加区域油气供应能力，多元化拓展进口来源渠道，探讨建立国际储备机制，共同维护国际能源生产和输送通道安全，打造能源命运共同体，增强能源供应抗风险能力。开放条件下的能源合作需要创新思路，多措并举，拓展领域，挖掘潜力，从油气资源延伸至技术装备服务，以及清洁能源产业，做大共同利益“蛋糕”。

二是增强技术经验交流，促进区域能源转型。群策群力、合作共赢是开放条件下能源领域的正确选择，可持续发展是各方的最大利益契合点和最佳合作切入点。各国在能源技术上各具所长，通过国际合作可以各尽所能，优势互补，充分发挥各方潜力，整合技术资源形成合力，为区域可持续发展提供能源保障。继续引进消化吸收和再创新先进适用技术，包括积极借鉴国外先进生物液体燃料技术、替代燃料技术、动力替代技术等，根据国情因地制宜开展项目示范；联合研发能源领域高端关键技术和装备，借助国际资源补产业链短板，逐步增强能源自主创新能力，加快成果转化应用。鼓励企业以直接投资、收购并购、政府与社会资本合作模式（PPP）等多种方式，深化能源国际合作，学习国外企业的先进技术和管理经验。与此同时，持续深化对外开放，在能源领域全面落实准入前国民待遇加负面清单管理制度，进一步优化营商环境，吸引国外企业参与国内能源市场业务。

三是依托多双边合作机制，完善全球能源治理原则。在持续融入现有能源治理机制基础上，继续加强与IEA、OPEC、国际能源论坛（IEF）、IRENA、能源宪章等国际组织合作，积极推动多边规则改革进程。借助G20、APEC、上海合作组织、金砖国家、澜沧江—湄公河合作、中国—中东欧国家合作、中非合作论坛、中欧峰会等平台，运用“一带一路”能源合作伙伴关系，增进能源领域多边对话，构建反映世界能源现实并体现发展中国家关切的全球能源治理格局。通过交流沟通协调各国间能源政策规划和务实合作，维护国际市场稳定，提升发展中国家相应能力建设。探索建立区域能源定价机制，提升市场主体抗风险能力。注重国际能源标准制定合作，推动标准对接与认证，助力我国技术标准国际化进程。

第四节

坚持创新融合发展

创新是引领发展的第一动力，是建设现代化经济体系的战略支撑。紧跟国际能源技术革命新趋势，分类推动技术创新、产业创新、商业模式创新，推动科技同能源经济深度融合，把新型能源技术及其关联产业培育成我国现代能源体系建设的“明珠”。

一、推动能源技术升级和应用

科技决定能源的未来，科技创造未来的能源。能源技术创新在能源革命中起决定性作用，必须摆在能源发展全局的核心位置。当前，新一轮能源技术革命正在孕育兴起，新的能源科技成果不断涌现，正在并将持续改变世界能源格局。主要能源大国纷纷出台了一系列法律法规和政策措施，采取行动加快能源科技创新。我国能源科技水平与世界能源科技强国和引领能源革命的要求相比，还有较大的差距。顺应世界能源科技变革大势，贯彻能源生产和消费革命战略要求，必须加快能源技术升级，培育新模式和新业态，推动能源创新发展。

“十四五”时期，我国能源技术创新的重点方向和政策着力点为：

一是以技术创新推动能源成本下降。健全“领跑者”制度，全面推动风电、光伏发电新项目平价上网。推广应用煤炭绿色无人开采技术，引进和消化吸收深海深层和非常规油气勘探开发技术，着力降低传统能源开发成本。加强大数据、云计算、互联网、人工智能、3D 打印等先进科技在能源领域应用推广力度，推进“互联网 +”智慧能源发展，构建能源生产、输送、使用和储能系统集成、经济高效的能源互联网。

二是推动能源新模式和新业态应用。积极推进多能互补能源服务模式发展，供应侧推进风、光、水、储多能互补发展，需求侧加强热、冷、电、气等能源生产耦合集成和互补利用。开展储电、储热（冷）等多类型、大容量、高效率储能系统示范工程。推动能效电厂、需求响应电厂等新模式发展，推广智能化分布式光伏及微电网应用。

三是鼓励引导能源技术突破和示范应用。重点支持新型建筑保温材料、高效燃气轮机、新一代储能设备、氢燃料电池、钙钛矿电池、石墨烯等领域基础创新、技术突破及产业化应用。加大全产业链氢能技术研发力度，推动氢能利用场景示范。

二、加快电气化和智能化发展

“十四五”期间，随着制造业、服务业全面升级，加之收入水平提高，人们对能源服务的清洁、安全、便捷、舒适程度的要求越来越高，经济可承受度也相对以前有了一定的提高，与之相对应的能源服务也必须要向高质量方向升级，顺应人民群众消费升级的大趋势。

“十四五”时期，我国能源电气化、智能化发展的重点方向和政策着力点为：

一是推动工业能源电气化和工业余能回收利用。提升电力系统供应能力和质量，支持工业电力消费加速增长。推进工业余热、余压、余能应用。推进用能系统优化，通过跨企业、跨行业、跨地区余能资源整合，建立工业用能高效智能、经济便捷、利益共享、多能互补的能源利用新模式。

二是全面推广高质量清洁取暖和散煤替代。把建筑保温节能改造作为高质量清洁取暖的第一步。制定相对统一的北方地区清洁取暖方案，因地制宜推广太阳能、生物质能、地热能等可再生能源替代传统能源，实现散煤燃烧取暖的长效、经济替代。东北地区重点推广生物质固体燃料，西北地区重点推广太阳能热利用取暖和可再生电力取暖，华北地区和两淮地区重点推广水源热泵、地源热泵、空气源热泵取暖。

三是在衣食住行领域全面推广节能低碳新技术、新模式、新业态。推广高效用电和可再生能源就地利用新技术、新产品和共享经济新模式。鼓励购买绿色建筑、采购高效节能家用电器。倡导开窗通风、晾晒衣物等绿色生活行为。倡导公交出行、地铁出行，鼓励消费者利用共享汽车、共享单车。推动以纯电动汽车、插电式混合动力汽车、氢燃料电池汽车为代表的新能源汽车替代传统燃油车。

三、推动能源与相关科技和产业融合发展

进入21世纪以来，全球科技创新进入空前密集活跃的时期，新一轮科技革命和产业变革正在重构全球创新版图、重塑全球经济结构。“十四五”时期正处于世界能源低碳发展与新一轮科技革命和产业变革相互交融，我国既面临着千载难逢的历史机遇，又面临着差距拉大的严峻挑战。在以信息产业为主导的经济发展时期，能源需要与相关科技、产业融合发展，把握数字化、网络化、智能化融合发展的契机，以信息化、智能化为杠杆培育新动能。能源革命需要相关科技、产业创新支持，以关键共性技术、前沿引领技术、现代工程技术、颠覆性技术创新为突破口，优先培育和大力发展一批战略性新兴产业集群，构建相关产业体系新支柱，把创新主动权、发展主动权牢牢掌握在自己手中。

“十四五”时期，我国能源与相关科技、产业融合发展的重点方向和政策着力点为：

一是弥补基础研究和应用基础研究短板，着力推进面向国家重大需求的战略高技术研究。依靠基础研究提供高质量科技供给和跨学科交叉融合，有效改变我国关键核心技术受制于人的局面，把能源关键核心技术掌握在自己手中，从根本上保障国家能源安全。瞄准世界能源科技前沿，抓住大趋势，打好基础、储备长远。强化战略导向和目标引导，加强对关系根本和全局的科学问题的研究部署，在关键领域、“卡脖子”的地方下大功夫，集合精锐力量，作出战略性安排，尽早取得突破，在重要科技领域成为领跑者，在新兴前沿交叉领域成为开拓者，创造更多竞争优势，全面提升我国在全球能源创新格局中的位势。

二是聚焦产业发展和需求融合，推动能源产业向中高端迈进。要打通科技和经济社会发展通道，促进创新链和产业链精准对接，探索能源与相关产业融合的新场景新业态，提升科技成果转化应用，统筹好现有能源产业转型升级和智慧能源系统建设，实现产业链再造和价值链提升。着力推动能源经济建设和国防建设融合发展，提高军民协同创新能力，完善军民协同创新机制。

三是全面深化科技体制改革，提升创新体系效能，着力激发创新活力。要加快转变政府科技管理职能，发挥好组织优势。优化和强化技术创新体系顶层设计，明确企业、高校、科研院所创新主体在创新链不同环节的功能定位，激发各类主体创新激情和活力。企业是创新的主体，要发挥市场对技术研发方向、路线选择、要素价格、各类创新要素配置的导向作用，让市场真正在创新资源配置中起决定性作用。要完善政策支持、要素投入、激励保障、服务监管等长效机制，带动新技术、新产品、新业态蓬勃发展。要加快创新成果转化应用，彻底打通关卡，破解实现技术突破、产品制造、市场模式、产业发展“一条龙”转化的瓶颈。要加大知识产权保护执法力度，完善知识产权服务体系。

四、鼓励能源基础设施跨界融合发展

新中国成立70多年来，我国基础设施建设成就举世瞩目。作为基础设施体系的重要组成部分，长期以来我国能源与各类基础设施互相匹配、互为保障，共同实现了快速发展，为实现第一个百年奋斗目标提供了坚实支撑。但是，当前能源与各类基础设施普遍面临约束与限制增多、风险与挑战加大的复杂局面。立足“十四五”、面向中长期，亟待通过各类基础设施之间协同融合发展，拓展新空间、迈上新台阶，以高质量保长远的基础设施建设，引领我国集聚发展新动能、厚植发展新优势。

“十四五”时期，我国能源基础设施与其他基础设施融合发展的重点方向和政策着力点为：

一是加快能源系统智能升级。充分发挥新一代信息技术的牵引作用，统筹传统能源和新能源发展，以跨界融合促进能源系统智能升级。促进传统能源效能提升，提升新建煤矿智能化水平，提升天然气管网智能化建设运营水平，推动天然气与氢能基础设施融合发展。推动新能源与“新基建”协同进化，推进停车场与充电基础设施一体化建设，通过车联网（V2X）等平台实现“车—桩—网”运行优化一体化。加快推广充电桩与双向互动智能电表集成式基础设施，开展V2G应用试点示范。

二是促进基础设施整体优化和跨界协同支撑。聚焦既有基础设施体系短板，瞄准建设现代基础设施体系目标，推动基础设施梯度优化、错位探索、协同创新。一方面，发挥“大能源、大交通、大物流”优势，破解市政基础设施短板。实施北方城市群煤、电、气、热协同工程，加快跨区域热力管网规划建设，推动电厂余热资源大范围优化配置，在北方城市群形成以余热承担基础取暖负荷、天然气承担调峰的新格局。另一方面，发挥热、气、水等设施灵活高效优势，护航新一代电力系统建设。推动储能电站、光热电站、虚拟电厂等示范工程建设，加强多种电源与储水、储热、储气设施集成互补，推动电、热、气、水系统集成互联示范工程建设，构建面向高比例可再生能源的基础设施协同支撑体系。

三是推进各类基础设施融合复用。转变基础设施发展路径，以多功能性促进各类设施融合，探索区域城乡综合基础设施一体化建设，畅通基础设施循环复用。推动长距离调水与供热一体化发展，开展北方沿海地区能源基础设施水电联产、水热同输示范，开展南方地区污水处理与余热供暖集成示范。提升水利设施防洪、发电、调峰一体化水平，研究风、光、水、储多能互补一体发展模式，发展光、储、柔性直流新型能源系统。连“断点”、通“堵点”打造基础设施闭环，统筹推进城镇生活污水、生活垃圾、危险废物处理设施与配套发电供热基础设施一体化设计、集约化管理，构建“静脉”基础设施体系，促进变废为宝。依托既有能源设施建设5G基站，重点在杆塔复用、综合管廊等方面取得突破；依托既有变电站建设充（换）电站，推动充（换）电站、退役电池回收站、储能电站与光伏电站“多站合一”。加快能源与交通技术设施融合发展，在高速公路沿线推动光伏电站建设与利用。

五、深化能源重点领域体制改革和机制创新

近年来，我国大幅取消和下放能源领域行政审批事项，深入推进电力、油气等领域体制改革，激发了能源领域市场活力和创新动力。但是能源要素市场化改革依然滞后，适应能源革命的体制机制尚不完善。而且市场决定能源价格机制尚未完全形成，煤电矛盾长期不能有效化解，“油荒”和“气荒”时有发生，煤炭、煤电等传统高碳能源在产能过剩背景下仍继续扩张产能、经济效益堪忧，反过来制约全社会用能效率提升和成本下降。随着能源体制机制改革进入“深水区”，“十四五”期间必须紧紧围绕让市场发挥配置能源资源的决定性作用和推动能源治理方式现代化两大目标，针对重点领域和关键环节，直面挑战，攻坚克难。

“十四五”时期，我国能源体制机制改革创新的重点方向和政策着力点为：

一是以建立统一开放、竞争有序的电力市场为核心深化电力体制改革。统筹中长期、现货和辅助服务市场建设，深化配售电改革，完善输配电价体系，理顺电价形成机制，确保电力市场建设有效衔接。努力打破省际壁垒，推动区域和全国电力市场建设。建立以“准许成本 + 合理收益”为核心的电网输电定价制度，健全电网有效投资认定和审查办法。

二是以扩大各环节竞争程度为目标加快油气体制改革。推动完善油气勘查开采管理体制，科学确定准入门槛，进一步吸引社会资本投入，积极推动制定勘查区块竞争出让、退出办法，盘活探矿权存量，探索建立风险勘查市场。健全油气管网运营机制，重点配合做好管网资产有序交接，推动国家油气管网公司平稳运营，健全管道业务利益共享机制，完善管网公平接入机制和投融资机制。油气加工环节，加强税收、质量、安全和环保监管，通过市场竞争实现优胜劣汰。销售环节，允许各类型企业参与批发和零售环节业务。

三是构建有效引导市场预期的能源信息发布机制。依托现有统计力量，构建全社会能源信息大数据平台，及时公开发布各类权威能源市场信息。鼓励各类行业协会、社会组织等数据信息接入，建立信息分享、甄别机制，提高能源信息传播效率和质量。基于各能源期货、现货交易中心数据，构建全面的能源市场指数，向全社会及时发布，引导市场预期。

四是推动政府能源治理与能源市场体系建设相衔接。推动政府能源治理理念和方式变革，真正与能源市场体系建设有机融合。新发展理念下，政府既要保持战略定力，坚定不移推动能源绿色低碳发展转型，又要与市场更好衔接，更多运用经济手段，有效激励和引导市场主体去共同实现国家战略规划目标。专项规划、产业政策、调控政策等要引导社会公众积极参与，加强与企业多层级沟通，充分考虑市场主体情况。

第五节

坚持统筹协调发展

能源是关系国家经济社会发展的全局性、战略性问题，需要统筹兼顾、协调联动。协调既是发展手段也是发展目标，同时还是评价发展的标准和尺度。要运用辩证思维处理好局部和全局、当前和长远、重点和非重点的关系，掌握节奏和步骤，使相关改革协同配套、整体推动，统筹推进全国各区域、各领域现代能源体系建设工作。

一、统筹能源布局全国“一盘棋”

能源布局应当坚持全国“一盘棋”原则，服务于国家大局，调动各方面积极性，集中力量办大事，充分体现中国特色社会主义制度的显著优势。“十四五”时期我国能源布局必须按照生态文明建设对能源发展的新定位，研究促进能源发展与国家区域协调发展战略深度融合的方式和途径，加快推进重点区域能源生产消费革命，服从高质量发展的区域经济布局，有效支撑国家战略目标的实现。

“十四五”时期，我国统筹全国能源布局的重点方向和政策着力点为：

一是尊重客观规律，明确各自定位，发挥比较优势。能源布局不能简单要求各地区“齐步走”，必须根据各地区的资源禀赋和经济结构因地制宜，合理分工优化发展，在发展中促进相对平衡。细化主体功能区划分，制定差异化政策，分类精准施策。加快能源资源富集地区能源消费革命。在山西、内蒙古等能源资源大省，通过强化能源总量、结构及环境质量约束，推进能源科技创新，深化能源体制改革，不断构建清洁低碳用能模式，实现本地能源绿色化利用；逐步降低煤炭开发利用强度，弱化对煤炭资源型发展模式依赖。加快能源消费地区能源供给革命，推动分布式清洁能源优先发展，逐步摆脱敞口式能源调入模式。持续提高能源效率，尽可能减少煤炭利用、扩大清洁能源消费，大幅提高终端电气化水平。

二是注重统筹谋划、做好规划引领、实施有序推进。一方面，“十四五”时期我国能源需求进入低增速、低增量新阶段，必须加快推进供给侧结构性改革；另一方面，未来我国能源需求还有较大增长空间，必须为经济发展提供安全充足保障。为此，“十四五”时期全国能源谋篇布局需要更高站位更远眼光，兼顾各品种、各区域、近远期目标。要增强系统思维，统筹各地改革发展、各项区际政策、各领域建设、各种资源要素，以更加经济合理、安全高效的方式保障中长期经济社会发展需要。要推动能源体系从集中式向集中式与分布式融合转变，既要发挥西部地区资源禀赋优势，通过能源调运满足东部地区能源消费需求，又要保障西部生态环境建设，控制西部资源产业集中度，同时倒逼东部推进清洁低碳转型。

三是推动互联互通、共商共建，使市场在资源配置中起决定性作用。要想让能源布局全国“一盘棋”形成合力，需要将各自为政的孤立式发展改变为区域协同的联动式发展，要充分发挥省际协商合作机制作用，着重在“共”字上做文章，推进各地区能源规划有效对接，清理阻碍要素合理流动的地方性政策法规，清除市场壁垒，建立统一市场和规则，推动劳动力、资本、技术等要素跨区域自由流动和优化配置，以一体化促进经济均衡性和可持续性发展。推动电网、油气管网等能源基础设施互联互通、共建共享，统筹安排液化天然气接收站、储气库、电力调峰资源建设和布局，最大程度减少重复投资，提高资源利用效率。

二、健全完善能源产供储销体系

面对能源安全风险，要始终保持忧患意识、危机意识，立足国内，着眼全球，构建涵盖能源供给利用、储备应急、监督管理等各方面的综合保障体系。“十四五”时期，我国将继续推进能源产供储销体系建设，深化供给侧结构性改革，着力打通生产、分配、流通等环节，调结构、优布局、强产业、全链条，强化能源产业全过程安全，保障一次能源自给率。

"十四五"时期，我国能源产供储销体系的重点方向和政策着力点为：

一是大力提高能源生产供应能力。能源安全立足国内，首先要保障国内生产规模。油气行业要增加投资加大勘探开发力度，积极推动增加国内储量，确保供应安全。煤炭行业要继续破除低效无效供给，加快释放优质先进产能，有序核准新建大型煤矿项目，合理安排煤电建设投产规模和时序，着力提高电煤在煤炭消费中的占比，持续降低供电煤耗。以电为中心促进清洁能源规模化发展，是我国优化能源供应结构、推动能源供给侧结构性改革的重要任务。电力行业要持续构建多元化生产格局，支持清洁能源大力发展，推动建成一批平价上网项目，同时科学有序推进重点流域水电开发，安全发展先进核电。此外，还要处理好不同能源品种替代互补关系，增强煤基燃料技术研发能力，积极研发生物液体燃料替代技术，发展替代燃料技术，实现多能协同转换。

二是积极推进能源通道建设。要使生产出来的能源运得出，需在供给侧做好运输保障，加强能源开发与输送的统筹协调，提升电网、油气管线等通道的利用率。积极推进能源大通道建设，提升能源安全输送能力、跨区调配能力，统筹煤、电、油、气网运设施能力建设，建设架构合理、坚强可靠的骨干输电通道，形成全面覆盖的油气管道，尽快形成天然气“全国一张网”，增加铁路煤炭运输，提升港口中转能力，实现能源便捷流动、灵活调运。

三是增强能源储备能力。为减少区域性、时段性、结构性能源供应短缺现象，加大能源储备应急体系建设是“十四五”时期的重点工作之一。建立政府储备与企业储备并重、中央储备与地方储备分层、资源储备与技术储备结合、战略储备与应急响应兼顾、国内储备与国际储备互补的能源储备机制。要持续增强煤炭储备能力，建立产能储备与产品储备相结合的体系，企业社会责任储备为主，与政府储备保障重点相结合，关注主要调入地区燃煤电厂常态存储水平。加快推进储气设施建设，提升天然气应急调峰能力，做好地下储气库、沿海液化天然气接收站、重点地区内陆集约化规模化液化天然气储罐等建设规划，推进储气设施集约、规模建设，鼓励地方政府和有关企业合作，共担共享储气设施投资建设成本和收益。提升电力系统调节能力，保障调峰机组规模占比。鼓励多元化的社会资源投资储能建设。统筹考虑储电、储热、储冷等多种储备方式，发挥好调节供需平衡和能源缓冲作用。

四是加紧提升电力系统源网荷储协调性。以灵活高效的方式推动电力系统源网荷储整体优化运行，发挥气电、水电、光热等灵活性电源的重要调峰作用，促进既有煤电更多承担调峰任务，提升跨省、跨区输电线路的灵活互济能力，探索需求响应与储能等新兴灵活性资源的运行方式随风光电出力优化调整，支撑系统优化运行，促进清洁能源在更大范围实现充分消纳。

三、打造风光水储综合能源基地

积极推动能源供给革命，建立多元供应体系，着力发展非煤能源，形成煤、油、气、核、新能源、可再生能源多轮驱动的能源供应体系，同步加强能源输配网络和储备设施建设。我国西北地区不但是化石能源富集地，而且蕴含丰富的可再生能源资源。“十四五”时期，应当贯彻落实新发展理念，发挥重点地区风能、太阳能、水能等资源组合多能互补优势（见图 5–3 和图 5– 4），打造大型综合能源基地，构建“互联网 +”智慧能源系统，通过供给侧结构性改革进一步挖掘能源清洁生产和就近消纳能力。鼓励传统的化石能源基地转型争当清洁发展的排头兵。

图 5–3 青海玉树水、光互补电站（夏天）

图片来源：吕芳。

图 5–4 青海玉树水、光互补电站（冬天）

图片来源：吕芳。

“十四五”时期，我国风光水储综合能源基地建设的重点方向和政策着力点为：

一是提升可再生能源开发利用规模，解决大规模并网瓶颈。可再生能源发电存在随机性和波动性，单独大规模发展面临并网难题。“十四五”时期，对于具备打造风光水储综合能源基地建设条件的地区，要以优化存量为主，着重减少弃风、弃光、弃水、限电问题，新建项目优先采用该模式。深入研究风电、光伏发电、水电等多能源品种互补，提高可再生能源电力输出的稳定性，增强可再生能源利用效率和综合效益，提升可再生能源电力品质。

二是促进可再生能源对化石能源的替代，推进绿色低碳转型。以往能源基地开发可再生能源发电项目，需要配套建设大规模火力发电装机负责调峰调频。风光水储综合能源基地具备流域梯级水电站、抽水蓄能电站、太阳能光热电站以及电化学储能电站等多种储能能力。要实现可再生能源与储能设施配套发展，利用水电、光热和储能调峰，替代火力发电装机调峰，降低传统综合能源基地对化石能源的依赖，加速推动能源转型。

三是总结综合能源基地建设经验，推广示范项目管理模式。可再生能源将在“十四五”时期迎来平价上网时代，技术经济性不再是其发展障碍。要使资源优势转化为经济优势，完善制度设计成为当前关键。打造综合风光水储能源基地不但需要能源品种协同发展，而且要求管理模式不断创新。要形成市场交易和价格机制，加快推进电力现货市场、电力辅助服务市场建设，完善调峰、调频、备用等辅助服务价格市场化机制。要建立配套电力调度机制，在跨省区电力输送调度时给予综合能源基地清洁电力更多权重。要支持基地建设融资，将综合能源基地纳入绿色金融项目库，鼓励绿色金融支持能源可持续发展。

四、统筹把握市场改革和保障供应的关系

要满足人民日益增长的美好生活需要，提升能源服务质量，需要能源领域坚持全面深化改革，推动能源治理体系和治理能力现代化。能源市场改革既要改革不适应实践发展要求的体制机制，又要适应国家现代化总进程和时代进步潮流，做到既要尽力而为又要量力而行。综合考虑远期目标与当前实际的市场改革方案将更加科学、完善，在保障能源供应的同时平稳推进服务质量提升，实现市场改革的制度化、规范化、程序化。

“十四五”时期，必须统筹把握能源市场改革和保障供应关系：

一方面，建立有效市场，发挥市场决定性作用。能源市场改革要发挥市场在资源配置中的决定性作用，推动政府能源治理变革，还原能源商品属性，遵循市场经济规律、能源行业发展规律，强化市场自主调节。能源市场改革目标要与能源市场更好衔接，既要通过政府主导的产业政策和重大项目，又要运用经济手段和激励引导，让市场主体有序参与竞争合作，共同实现国家战略规划。发挥我国国内大市场优势，推动建立全国和区域能源市场，让基础设施

互联互通，数据信息共享。搭建能源信息大数据平台，及时发布各类权威信息，反映市场运行情况，指导市场主体理性决策。通过区域和全国市场形成公开的竞争价格，引导市场预期和长期决策，并且促进跨区域资源调度和调剂利用，以能源互济实现供应保障。能源市场改革要遵循目标导向和效果导向原则，调动市场主体的能动性，提升资源配置效率和经济发展质量。清洁取暖等民生工程是人民美好生活需要，在确保清洁的前提下，允许市场根据资源成本、应用场景等综合因素自主选择技术路线，宜气则气、宜电则电、宜热则热、宜煤则煤。

另一方面，建设有为政府，更好发挥政府有形之手作用。市场改革涉及行业内全产业链协调及行业间产品互补和替代，为此要统筹衔接政府各部门职能规划，也要兼顾国家战略和地方实际，在改革进程中加强基础制度设计，做好长远战略谋划和精准科学调控，为市场改革的连锁反应配套解决方案，有效应对市场改革可能产生的短期冲击，保障能源供应稳定。

参考文献

习近平，2008. 在沙特吉达举行的国家能源会议上的讲话 [N]. 人民日报，2008-06-23（3）.

习近平，2013. 习近平致生态文明贵阳国际论坛 2013 年年会的贺信 [EB/OL].（2013-07-20）[2020-07-25]. http：//www.xinhuanet.com/politics/2013-07/20/c_116619687.htm.

习近平，2017. 习近平在“一带一路”国际合作高峰论坛开幕式上的演讲 [EB/OL].（2017-05-14）[2020-07-25].http：//www.xinhuanet.com/politics/2017-05/14/c_1120969677.htm.

习近平，2017. 习近平主持召开中央全面深化改革领导小组第三十八次会议强调 加强领导总结经验运用规律 站在更高起点谋划和推进改革 [N]. 人民日报，2017-08-30（1）.

习近平，2018. 习近平在全国生态环境保护大会上强调 坚决打好污染防治攻坚战 推动生态文明建设迈上新台阶 [N]. 人民日报，2018-05-20（1）.

习近平，2018. 在深入推动长江经济带发展座谈会上的讲话 [N]. 人民日报，2018-6-14（2）.

陈睿欣，郑厚清，王智敏，2020. 能源＋数据 重塑碎片化可再生能源时代 [N]. 中国能源报，2020-06-08(10).

《党的十九大报告辅导读本》编写组，2017. 党的十九大报告辅导读本 [M]. 北京：人民出版社.

杜飞进，2020. 构建人类命运共同体 引领人类文明进步方向 [J]. 哈尔滨工业大学学报（社会科学版），22（3）：1-13.

国务院，2016. 国务院关于印发“十三五”国家战略性新兴产业发展规划的通知 [EB/OL].（2016-12-19）[2020-07-25].http：//www.gov.cn/zhengce/content/2016-12/19/content_5150090.htm.

国家发展改革委，2017. 能源生产和消费革命战略（2016—2030）[EB/OL].(2017-04-25)[2020-07-25].https：//www.ndrc.gov.cn/xxgk/zcfb/tz/201704/W020190905516411660681.pdf.

国家发展改革委，国家能源局，2017. 能源发展“十三五”规划 [EB/OL].（2017-05-17）[2020-07-25].https：//www.ndrc.gov.cn/fggz/fzzlgh/gjjzxgh/201705/W020191104624229131611.pdf.

国家发展改革委，国家能源局，2017. 电力发展“十三五”规划（2016—2020 年）[EB/OL].（2017-06-05）[2020-07-25].https：//www.ndrc.gov.cn/fggz/fzzlgh/gjjzxgh/201706/W020191104624253414400.pdf.

国家发展改革委价格司，2017. 坚定目标 砥砺前行 天然气价格改革善作善成——党的十八大以来天然气价格改革纪实 [J]. 中国经贸导刊 (33)：16-18.

国家统计局，2018. 能源发展成就瞩目 节能降耗效果显著——改革开放 40 年经济社会发展成就系列报告之十二 [R/OL].(2018-09-11)[2020-07-25].http：//www.stats.gov.cn/ztjc/ztfx/ggkf40n/201809/t20180911_1622051.html.

国家统计局能源统计司，2019. 中国能源统计年鉴（2018）[M]. 北京：中国统计出版社 .

郭智，2017. 以五大发展理念推进能源革命 [EB/OL].(2017-02-16)[2020-07-25]. https：//www.sohu.com/a/126428606_244948.

韩健，孙飞，2018. 能源领域“放管服”改革：进展、问题与出路 [J]. 理论探索（1）：98-103.

蒋学林，2017. 党的十八大以来我国能源改革发展成就报告 [EB/OL].(2017-11-04)[2020-07-25].http：//news.bjx.com.cn/html/20171104/859474.shtml.

姜学峰，张运东，朱琪，2020. 新形势下提升中国油气产业抗冲击力的思考与建议 [J]. 国际石油经济，28（2）：1-6.

莫非，2020. 我国燃气轮机核心技术将逐步实现国产化 [EB/OL]. (2020-03-09)[2020-07-25]. http：//news.bjx.com.cn/html/20200309/1052108.shtml.

邱波，2020. 我国再电气化发展现状及前景研究 [J]. 中国电力企业管理（16）：48-52.

生态环境部，2019. 中国应对气候变化的政策与行动 2019 年度报告 [R/OL].（2019-11-27）[2020-07-25]. http：//www.mee.gov.cn/ywdt/hjnews/201911/W020191127531889208842.pdf.

水电水利规划设计总院，2020. 中国可再生能源国际合作报告（2019）[R/OL].（2020-07-06）[2020-07-25].http：//news.bjx.com.cn/html/20200706/1086599.shtml.

苏铭，杨晶，张有生，2013. 敞口式能源消费难以为继——试论我国合理控制能源消费总量的必要性 [J]. 中国发展观察（3）：24-27.

铁旭初，2019. 我国煤机装备制造 70 年发展成就与展望 [J]. 中国煤炭，45（11）：5-12.

肖新建，2016. 我国能源革命亟待跨越三大障碍 [J]. 宏观经济管理（12）：43-45.

许勤华，2018. 改革开放 40 年能源国际合作踏上新征程 [J]. 中国电力企业管理（25）：87-92.

佚名，2016. 我国节能环保产业增加值占 GDP 比重已超过 2%[EB/OL].（2016-11-28）[2018-06-30].http：//www.gov.cn/xinwen/2016-11/28/content_5139304.htm.

佚名，2019. 新闻办就中华人民共和国成立 70 周年能源发展成就举行发布会 [EB/OL].（2019-09-20）[2020-07-25]. http：//www.gov.cn/xinwen/2019-

09/20/content_5431689.htm#1.

佚名，2020. 把握好新能源汽车转型升级方向的几点思考 [J]. 汽车纵横（3）：20-23.

张宝英，黄茂兴，2019. 中国在 G20 中的利益攸关领域和责任发力点 [J]. 经济研究参考 (22)：26-37.

张勇，2020. 节能提高能效 推动高质量发展 [N]. 人民日报，2020-06-30(11).

钟坚，张其富，王启凤，2020. 习近平经济发展“四个更”重要论述及其时代意义 [J]. 社会主义研究 (3):79-84.

朱跃中，2019. 全球能源格局新变化对我国能源安全的影响及应对 [J]. 经济导刊（10）：38-40.

朱敏，2020. 我国东部地区应成为新能源发展的重点区域 [J]. 中国物价（4）：18-20.

BP，2020. Statistical review of world energy 2020 [R/OL].69th ed.(2020-06)[2020-07-25].https：//www.bp.com/en/global/corporate/energy-economics/statistical-review-of-world-energy.html.

EIA，2019.International energy outlook2019 [R/OL].(2019-09-24)[2020-07-25].https：//www.eia.gov/outlooks/ieo/pdf/ieo2019.pdf.

IRENA，2020.Global renewables outlook:energy transformation 2050[R/OL].(2020-04)[2020-07-25].https：//www.irena.org/publications/2020/Apr/Global-Renewables-Outlook-2020.

REN21, 2020 . Renewables 2020 global status report [R/OL].(2020-06) [2020-07-25].https：// www.ren21.net/wp-content/uploads/2019/05/gsr_2020_full_report_en.pdf.

后 记

本书是《学习贯彻习近平新时代中国特色社会主义经济思想 做好“十四五”规划编制和发展改革工作》系列丛书之一。

本书以习近平新时代中国特色社会主义经济思想，特别是其中关于能源革命的重要论述为根本遵循，从国家发展和安全的战略高度，立足当前、着眼长远，顺应能源发展大势，为推动能源生产消费革命，加快建设现代能源体系提供指导。

本书在国家发展改革委党组书记、主任何立峰同志的直接领导下，党组成员、副主任宁吉喆、胡祖才同志，以及党组成员、国家能源局局长章建华同志悉心指导，由国家发展改革委基础设施发展司负责编写。编写组成员主要有：国家发展改革委基础设施发展司罗国三、郑剑、黎津、谢文雄、杨磊、卢尚、党斌、梁博通，国家能源局任志武、李福龙、宋雯、葛炬、于飞、方竹、张斌，国家发展改革委能源研究所王仲颖、韩文科、白泉、苏铭、熊小平、田磊、郑雅楠、蒋钦云、伊文婧、符冠云、刘建国、张思遥等同志。

袁达、孟玮、韩振海、赵怀勇、杨特、杨青、赵昌文、周毅、李韶辉、俞建国、张建民、康艳兵、高虎、冯升波等同志对本书提出了宝贵意见。中国计划出版社责任编辑李颖、高明对本书进行了编辑加工整理。特此表示感谢！

本书旨为各级政府、企事业单位和社会团体学习理解习近平新时代中国特色社会主义经济思想，深入了解我国能源发展形势和未来能源发展方向提供参考。

本书编写组

2020 年 8 月

学习贯彻习近平新时代中国特色社会主义经济思想

做好“十四五”规划编制和发展改革工作

| 系列丛书 |

编委会